DE LA MAXIME

LES AVOCATS SONT MAITRES DE LEUR TABLEAU

Paris. — Typographie et lithographie Vve LACOUR, rue Souflot, 18.

DE LA MAXIME

LES AVOCATS SONT MAITRES DE LEUR TABLEAU

PAR

M. ALFRED DEROUET

AVOCAT A BLOIS

EXTRAIT DE LA *REVUE PRATIQUE DE DROIT FRANÇAIS*
Nos des 1er et 15 octobre 1858.

PARIS

A. MARESCQ AINÉ, LIBRAIRE-ÉDITEUR
SUCCESSEUR de MARESCQ et DUJARDIN
17, RUE SOUFFLOT, 17

1858

DE LA MAXIME

LES AVOCATS SONT MAITRES DE LEUR TABLEAU

———————

« La première attribution du conseil de discipline est de
« prononcer sur les difficultés relatives à l'inscription sur le
« tableau de l'Ordre (1).

« Avant la Révolution, la députation n'exerçait ce droit, au
« barreau de Paris, qu'à charge d'appel à l'Ordre entier. Dans
« les autres parlements, c'était l'assemblée générale de l'Ordre
« qui statuait.

« Du reste, *les avocats étaient maîtres souverains de leur
« tableau.* Jamais les procureurs généraux ni les parlements
« n'admettaient d'appel de la part des postulants dont la de-
« mande en admission n'avait pas été accueillie par l'Ordre
« des avocats. Le principe ne souffrait exception que relative-
« ment aux avocats des juridictions inférieures : le parlement
« recevait l'appel de leurs décisions, attendu qu'elles présen-
« taient bien moins de garanties que celles de colléges nom-
« breux et où se trouvaient tant d'hommes honorables à l'abri
« de tout soupçon d'envie ou de méchanceté.

« D'après le décret de 1810, les décisions prises en matière
« d'admission au tableau étaient également souveraines ; et le

(1) Ordonnance du 20 novembre 1822, art. 12.

« même principe résulte de l'économie des articles 21, 22, 23
« et 25 de l'ordonnance de 1822.

« Mais une instruction ministérielle qui suivit de très près
« cette ordonnance (*circulaire du 6 janvier 1828*) tendait à
« attribuer aux procureurs-généraux, aux Cours royales, et
« même au garde des sceaux, un droit de contrôle sur la con-
« duite des conseils de discipline, relativement au tableau.

« En 1823, le procureur général de Grenoble, après avoir
« soumis au garde des sceaux le tableau de l'ordre des avo-
« cats près cette Cour, invita le conseil de discipline à en
« éliminer dix avocats qui, suivant lui, n'exerçaient pas réel-
« lement; et, comme le conseil n'avait pas jugé à propos de
« déférer à cette réquisition, il appela devant la Cour, et il
« intima, non-seulement les dix avocats suspects de ne pas
« exercer réellement, mais encore le bâtonnier de l'Ordre.

« Mais la Cour, par arrêt du 17 juillet 1823, *conformément*
« *au principe que les avocats sont maîtres de leur tableau,*
« déclara le procureur général non recevable dans son appel.

« Depuis, un arrêt de la cour d'Amiens, du 28 janvier 1824,
« et un arrêt de la Cour de cassation, du 23 juin 1828, ont
« consacré le même principe.

« La tentative du garde des sceaux, si elle eût été couron-
« née de succès, devait être le dernier coup porté à l'existence
« de l'Ordre; car il ne peut exister comme corps indépendant
« que par le libre choix de ses membres, et, par l'appel, ce
« choix eût été par le fait attribué aux Cours royales. »

Ainsi s'exprime M. Daviel dans son *Examen de l'ordonnance
du 20 novembre 1822* (chap. IV, *du tableau*).

« Un des privilèges essentiels à l'Ordre des avocats, » dit de
son côté M. Dupin (*de la Profession d'avocat, mélanges,*
no[s] 118, 119), « c'est d'inscrire ou de maintenir sur le tableau
« de l'Ordre tels confrères qu'il juge convenable, sans que
« l'autorité ait à s'immiscer dans cette opération. A cet égard,
« l'ordonnance du 20 novembre 1822 a maintenu ou rétabli
« l'Ordre des avocats dans tous ses droits, honneurs et préro-
« gatives. — Les procureurs généraux ne peuvent appeler des
« décisions du conseil de discipline que dans les cas où ses
« décisions statuent sur des fautes ou infractions relatives au
« maintien, à l'admission ou à la non-admission de quelques
« avocats au tableau. »

« *Un principe, qui est fondamental dans les statuts de* « *l'Ordre, nous constitue maîtres absolus de notre tableau,* » dit à son tour M. Mollot (2ᵉ partie, tit. vii, p. 192-193); — « en « d'autres termes, le procureur général ne peut pas plus at- « taquer l'inscription d'un avocat au tableau, que celui-ci « attaquer la décision qui refuse de l'y admettre : l'une et « l'autre sont sans appel. Cette règle conservatrice de l'Ordre, « aussi ancienne que lui, respectée par tous les gouverne- « ments, se fonde sur une vérité de droit naturel et déjà rap- « pelée : *toute société ne peut exister qu'autant qu'elle se com-* « *pose d'hommes de son choix.* L'Ordre des avocats n'est qu'une « vaste aggrégation d'hommes, qui s'unissent par des motifs « communs de travaux et d'affections, et qui, pour se sou- « tenir, doivent réunir, au plus haut degré, toutes les condi- « tions de moralité et d'honneur indispensables à l'exercice « de leur ministère. En donnant à l'Ordre une organisation « légale, ni le décret de 1810, ni l'ordonnance de 1822, n'ont « entendu lui enlever la condition essentielle de son existence. « L'appel qu'ils ont autorisé s'applique à des cas tout diffé- « rents, et il ne peut pas être permis d'en étendre ici la fa- « culté. Au reste, la jurisprudence des tribunaux est uniforme « en ce sens : c'était la jurisprudence de l'ancien barreau. »

Et plus loin (3ᵉ *partie; des précédents;* nₒ 201), revenant sur la même question, M. Mollot s'exprime encore ainsi :

« *Le conseil de l'Ordre des avocats de Paris tient en prin-* « *cipe que l'Ordre est maître de son tableau.*

« Il déduit de cette règle les conséquences suivantes :

« 1° Qu'il est juge souverain de l'aptitude du candidat;

« 2° Qu'il n'est pas obligé de motiver son refus;

« 3° *Que sa décision est sans appel.*

« La jurisprudence du conseil sur ce point est constante et « invariable. Parmi une foule d'arrêtés qu'il n'a pas jugé né- « cessaire de faire inscrire au procès-verbal, je me contenterai « de citer ceux des 9 mars 1814, 15 juillet 1834 et 20 dé- « cembre 1839. »

Et cette opinion est également professée par M. Achille Morin (*Discipline des Cours et tribunaux, du barreau*, t. 1ᵉʳ, p. 130) en termes formels, et qu'il n'est pas besoin de repro- duire ici : les citations que nous venons de faire suffisent.

En présence de ces opinions unanimes, et surtout des motifs élevés de raison donnés par les auteurs qui ont écrit sur la matière, nous regardons la maxime : *Les avocats sont maîtres de leur tableau,* comme une règle fondamentale de l'Ordre, comme un principe essentiel de notre profession. C'était, en un mot, un axiôme sur lequel il ne nous semblait pas y avoir de doute possible.

Et d'ailleurs, nous disions-nous, l'ordonnance de 1822, notre règle actuelle, notre Code sous bien des rapports, n'est-elle pas positive ? Les articles 12, 13, 15, 24 et 25 sont clairs et précis ; et leur texte détermine, sans ambiguïté possible, les cas dans lesquels la décision du conseil peut être attaquée, par voie d'appel, à la requête, soit de l'avocat, soit du ministère public. La pensée d'un doute ne nous venait pas ; et, de même que nous admettions que toute décision relative au stage et à l'inscription sur le tableau, fondée sur des motifs de droit, pouvait être critiquée par l'avocat ou le ministère public, de même nous refusions, sans hésiter, à l'un et à l'autre, la voie de l'appel contre les décisions fondées en fait, lorsqu'il n'y avait pas encore possession d'état.

Cependant, une opinion contraire, qui s'était fait jour, il y a quelques années déjà, persiste à se reproduire, avec une insistance remarquable, et par des motifs d'une gravité apparente qui ne peuvent laisser de préoccuper le jurisconsulte ; d'autant plus que cette opinion est soutenue par des hommes dont la parole et la plume pèsent souvent d'un grand poids dans la balance des tribunaux.

Ainsi :

1° En 1837, devant la Cour de Caen, et au soutien de l'appel émis par Mᵉ J.... d'une décision de l'Ordre des avocats de Falaise, qui refusait de l'admettre au stage, M. Demolombe, professeur à la Faculté de droit de Caen, signait une consultation, délibérée par un assez grand nombre d'avocats de Caen, et dans laquelle il était conclu à la recevabilité, *en droit,* de l'appel émis par Mᵉ J....

2° En 1846, le 27 février, la Cour de Lyon déclarait irrecevable, *en droit,* l'appel de Mᵉ N.... contre une décision du conseil de l'Ordre des avocats de Lyon, portant refus (par des motifs qui ne sont pas connus) d'inscription de cet avocat au tableau de l'Ordre. — En relevant cette décision, l'arrêtiste de Dalloz (D. P. 1846-2, 49) lui oppose l'arrêt rendu par la

Cour de Caen, en 1837 ; et, sans se prononcer ouvertement en faveur du système de la recevabilité de l'appel, consigne des observations dont nous extrayons quelques lignes. « *La ques-* « *tion est assurément fort grave : elle engage un des points les* « *plus délicats du droit de défense. Les compagnies, aussi* « *bien que les individus, ne sont-elles pas sujettes à l'erreur?* « *Le privilége de l'infaillibilité a ses périls : un pouvoir sans* « *contrôle se défend mal contre l'arbitraire ; et, loin de con-* « *sidérer la révision solennelle d'une juridiction supérieure* « *comme une atteinte à l'indépendance du barreau, peut-être* « *serait-il mieux de n'y voir qu'un moyen d'éloigner de la* « *décision du conseil tout soupçon de partialité ou de jalou-* « *sie, et d'en affermir l'autorité. En général, nos mœurs, nos* « *usages sont peu favorables aux attributions discrétion-* « *naires ou arbitraires.........* »

3° Quelques mois plus tard, les auteurs de la *nouvelle édi-tion du Répertoire de Dalloz*, reprenant la question, et la traitant *in extenso*, se prononcent formellement (v° *Avocat* ; n°s 107, 108, 136, 137, 138, 139, 141) en faveur de la recevabilité de l'appel, et contre la pratique constante du conseil de l'Ordre de Paris.—Les motifs par eux donnés sont le développement de l'opinion de M. Demolombe, et des observations consignées dans le *Recueil périodique* de 1846, à la suite de l'arrêt de la Cour de Lyon.

4° Le 24 février 1848,, la Cour de Lyon, répudiant sa jurisprudence de 1846, déclare recevable, *en droit*, l'appel de Me B.... contre une décision du conseil de l'Ordre des avocats de Nantua qui avait refusé de l'admettre au stage. — L'arrêtiste de Dalloz (D. P. 1849-2, 180) consigne au pied de l'arrêt son opinion en termes brefs, mais précis : « *C'est en ce sens* « *que la question nous a paru devoir être jugée.* » L'opinion est claire ; on le voit.

5° Le 22 janvier 1850, la Cour suprême est appelée à se prononcer trois fois, par suite de trois pourvois dirigés : l'un contre un arrêt de la Cour de Paris, du 20 janvier 1848, qui consacrait la doctrine de la recevabilité de l'appel ; l'autre, contre l'arrêt de la Cour de Lyon, ci-dessus énoncé, du 27 février 1846 ; le troisième, contre le second arrêt de Lyon, du 24 février 1848.

Sur les conclusions conformes, et longuement développées,

de M. Dupin, la Cour rejette le pourvoi dirigé contre l'arrêt de Lyon, du 27 février 1847; et casse l'arrêt de Paris, du 20 février 1848 , et celui de Lyon, du 24 février 1848. — La Cour proclame formellement le caractère de souveraineté attaché aux décisions des conseils de discipline statuant sur l'inscription des avocats au stage ou au tableau : en conséquence, elle refuse au ministère public, comme à l'avocat, le droit de se pourvoir contre cette décision , soit par appel, soit par la voie de cassation.

Ces arrêts sont l'objet, de la part de l'arrêtiste, d'observations critiques (*D. P.* 1850 1, 17) dont nous transcrivons les premières lignes et la conclusion :

« Cette décision n'est point destinée à passer sans contro-
« verse en jurisprudence. Nous avons indiqué (*Jur. gén.*
« 2ᵉ *édit.* vᵒ *Avocat*, nᵒ 107; *et Rec. per.* 1846-2 , 49) les rai-
« sons principales qui élèvent dans notre esprit des doutes
« sur la légalité de cette solution..... Satisfaits , pour le bar-
« reau auquel nous appartenons, de la décision qui vient
« d'être rendue par la Cour suprême, nous ne pouvons ce-
« pendant nous empêcher de remarquer qu'elle est générale
« dans sa portée; *et nous ne sommes pas sans quelque appré-*
« *hension, touchant ses résultats* , lorsque nous songeons que
« la loi est applicable à l'universalité des barreaux de France,
« à ceux où les rivalités s'épurent sous l'influence du nombre
« et de la hauteur des situations, comme à ceux où elles peu-
« vent être altérées, en raison, soit du petit nombre des con-
« currents et du théâtre peu élevé de leurs travaux, soit des
« organes dont les conseils sont composés par les inspirations
« de la politique ou des intérêts personnels. »

6ᵒ Enfin, le 17 novembre 1855, la Cour de Bastia, annulant, sur les réquisitoires du procureur général, deux décisions; l'une du tribunal d'Ajaccio, du 16 décembre 1854; l'autre du tribunal de Corte, du 25 novembre 1854; par lesquelles des avocats avaient été inscrits sur le tableau de l'Ordre près de chacun de ces tribunaux, posait en principe que : *le procu-* *reur général a le droit de demander la nullité d'une décision* *du conseil de discipline, qui admet ou rejette une demande* *d'inscription au tableau , contrairement aux lois et règle-* *ments sur la profession d'avocat; et que l'on opposerait vai-* *nement la maxime que les avocats sont maîtres de leur ta-*

bleau, cette maxime ne protégeant que les décisions du conseil de discipline, qui admettent ou repoussent des demandes en inscription, en se fondant uniquement sur des considérations tirées de la moralité ou de la capacité.

Ces deux propositions sont encore l'objet, de la part des arrêtistes (*D. P.* 1856-2, 254) d'observations qui ne laissent pas de doute sur la manière dont ils envisagent et apprécient cette question, importante pour l'Ordre judiciaire, en général, et vitale, pour ainsi dire, pour le barreau :

« Il est, au contraire, reconnu en jurisprudence que les « procureurs généraux ne sont recevables à demander la ré- « formation des décisions des conseils de discipline que dans « les cas où ces décisions statuent sur des fautes ou infrac- « tions; et c'est, en effet, à l'encontre du ministère public « qu'il nous paraît juste d'appliquer d'une manière absolue « la maxime que l'Ordre est maître de son tableau, *maxime* « *dont nous avons, à plus d'une reprise, contesté l'exactitude en* « *tant qu'elle aurait pour effet d'interdire à l'avocat dont la de-* « *mande en inscription a été rejetée par une décision du conseil* « *de discipline, la faculté d'interjeter appel de cette décision.* »

La persistance des rédacteurs de Dalloz nous étonna, en même temps que nous fûmes frappés de la distinction par eux faite, quant au droit d'appel, entre le ministère public et l'avocat.

Notre conviction antérieure était-elle de celles qui se forment parfois trop légèrement, sans fondement sérieux, sans raison d'être rationnelle ?

L'opinion de MM. Daviel, Dupin, Mollot, Achille Morin était-elle donc aussi sans base juridique ?

En un mot, la maxime : *l'Ordre est maître de son tableau,* devait-elle être reléguée au rang de ces brocards sans valeur légale, de ces phrases banales, qui s'impriment une fois, et se répètent partout ensuite; vaniteuse flatterie qu'un écrivain, inconnu parfois, invente pour sa satisfaction personnelle, et qui n'a pas plus de raison de subsister et de se perpétuer, qu'elle n'en a eu de naître et de se publier?

Le doute une fois conçu, nous avons recherché l'état de la jurisprudence sur cette question, dont la solution prenait à nos yeux d'autant plus de prix que nous l'apercevions plus vivement controversée et plus indécise.

Ces recherches nous ont fait reconnaître une divergence profonde, remontant à une époque assez éloignée déjà, et qui ne semble pas près de cesser, si on en juge par la vivacité de la lutte.

D'une part, il a été jugé que :

1º *Un des priviléges essentiels à l'existence de l'Ordre des avocats est d'admettre au stage, d'inscrire ou de maintenir sur le tableau de l'Ordre tels confrères qu'ils jugent convenable, sans que l'autorité judiciaire supérieure ait à s'immiscer dans l'examen de ces décisions ; l'ordonnance du 20 novembre 1822 ayant maintenu ou rétabli l'Ordre des avocats dans tous ses droits, honneurs ou prérogatives.*

Les procureurs généraux ne peuvent appeler des décisions des conseils de l'Ordre, que dans le cas où ces décisions statuent sur des fautes ou infractions reprochées à un avocat; comme aussi dans le cas où la délibération relative à la demande d'admission au stage ou d'inscription au tableau aurait été prise en violation de la loi.

17 juillet 1823,	Grenoble,	S. 1823-2, 266
28 janvier 1824,	Amiens,	S. 1824-2, 66
6 juin 1827,	Caen,	D. P. 1828-1, 287
28 août 1827,	Besançon,	D. P. 1829-1, 132
23 juin 1828,	Cassation,	D. P. 1828-1, 287
3 février 1829,	Cassation,	D. P. 1829-1, 132
4 mars 1837,	Orléans,	D. P. 1836-2, 181
3 mars 1840,	Cassation,	D. P. 1840-1, 97
14 mai 1840,	Aix,	D. P. 1840-2, 457
22 janvier 1850,	Cassation,	D. P. 1850-1, 23

2º *Il en est de même à l'égard des avocats dont les demandes, à fin d'admission au stage ou d'inscription au tableau, sont appréciées souverainement, en fait et sous le rapport de la moralité....., par le conseil de l'Ordre auquel ils s'adressent.*

27 février 1846,	Lyon,	D. P. 1846-2, 49
22 janvier 1850,	Cassation,	D. P. 1850-1, 17
22 janvier 1850,	Cassation,	D. P. 1850-1, 23

D'autre part,

Les Cours de Caen, Toulouse, Paris et Lyon ont décidé que *les délibérations des conseils de discipline d'un Ordre, relati-*

ves à une demande d'admission au stage ou d'inscription sur le tableau, ne sont pas en dernier ressort; et que le ministère public, comme l'avocat, a le droit, au double point de vue du fait et du droit, d'interjeter appel de ces décisions.

11 janvier 1837,	Caen,	D. P. 1838 - 2, 103
21 décembre 1840,	Toulouse,	D. P. 1841 - 2, 108
2 janvier 1843,	Toulouse,	D. N. t. 5e, p. 500
20 janvier 1848,	Paris,	D. P. 1850 - 1, 17
24 février 1848,	Lyon,	D. P. 1849 - 2, 180

La cour de Nîmes a même jugé que *les Cours d'appel ont le droit, sur les réquisitions du ministère public, lors de la présentation d'un licencié au serment d'avocat, d'examiner si le récipiendaire présente les qualités voulues de moralité.....; et de prononcer*, de plano, *sur l'admissibilité du serment : et ce sans se préoccuper du droit d'examen réservé au conseil de discipline de l'Ordre auquel le licencié assermenté pourrait vouloir ultérieurement se faire agréger.*

20 décembre 1837, Nîmes, D. P. 1840 - 1, 97

Nous ne mentionnerons que pour mémoire un arrêt de la cour de Grenoble, du 10 décembre 1835 (D. P. 1836 - 2, 36), et deux arrêts de la cour d'Agen, des 17 mai 1837 et 20 février 1838 (D. P. 1837 - 2, 161. — 1838 - 2, 185); *lesquels attribuent aux Cours d'appel compétence et pouvoir pour statuer sur les conclusions prises par le ministère public, à fin d'annulation de décisions prises, soit par le conseil de l'Ordre, soit par l'Ordre entier, touchant l'élection du bâtonnier et du conseil, lorsque ces décisions et élections sont arguées de nullité pour cause de violation de la loi, notamment en ce que ces élections n'auraient pas été faites par le nombre d'avocats inscrits exigé par les lois sur la matière, ou par le motif que le conseil aurait admis à participer à l'élection* (en les admettant même, dans ce but, sur le tableau) *des avocats dont le stage n'était pas encore terminé...* — Dans le premier cas, il ne s'agit pas, à proprement parler, de la thèse que nous examinons en ce moment; c'est l'Ordre entier qui a irrégulièrement procédé; voilà tout : dans le second, il y a violation manifeste de la loi, comme dans l'espèce décidée par l'arrêt de Bastia sus-énoncé. Dans l'une et dans l'autre hypothèse, la maxime : *l'Ordre est maître de son tableau*, est hors de cause.

L'état de la doctrine et de la jurisprudence ainsi constaté, voyons quels motifs de décider ont été mis en avant de part et d'autre.

Les motifs contenus aux arrêts qui ont consacré la règle que les *avocats sont maîtres de leur tableau* sont extrêmement simples.

Nous les résumons en quelques lignes :

1° Le but de l'ordonnance de 1822, posé dans le préambule, a été de rendre aux avocats la plénitude de leur ancien droit de discipline, et de donner à la juridiction de l'Ordre une autorité et une confiance particulières ;

2° Les articles 12 et 13 de l'ordonnance de 1822 donnent expressément aux conseils de discipline la mission et le pouvoir de statuer sur les demandes d'admission au stage, d'inscription sur le tableau, sans faire mention d'un droit possible d'appel, soit par le ministère public, soit par l'avocat ;

3° Les articles 15 et 25 de l'ordonnance déterminent et fixent les cas dans lesquels l'appel peut être interjeté; dès lors les cas non énumérés par ces articles (et les décisions relatives au stage et à l'inscription sur le tableau sont de ce nombre) ne sont pas sujets à l'appel : *inclusio unius, exclusio alterius.*

Abordant de plus près la question, la cour de Lyon, dans son arrêt du 27 *février* 1846, a surtout mis en relief trois ordres de motifs, d'une importance incontestable, s'ils sont vrais : le premier, complétement historique ; le second, tiré de la distinction des cas sur lesquels un conseil de discipline peut être appelé à statuer; le troisième, reposant sur des considérations morales qui intéressent directement l'honneur de l'Ordre des avocats, et le maintien de ses justes prérogatives :

« 1° Il est avéré que, dès les premiers temps vers lesquels
« remonte l'origine de l'Ordre des avocats, c'était une simple
« réunion d'hommes versés dans l'étude et l'application des
« lois; lesquels, unis entre eux par des liens d'estime et de
« confraternité, étaient libres de n'admettre parmi eux, pour
« partager l'exercice de leur profession, d'autres confrères
« nouveaux que ceux dont ils avaient pu apprécier le savoir
« et la moralité. De telles réunions ayant eu lieu dans les
« divers barreaux de France, elles avaient amené, dans cha-
« que barreau en particulier, la formation de ce qu'on appe-

« lait le *rôle* ou le *tableau* des avocats. Ce fut là une institu-
« tion ouvertement autorisée par les anciens Parlements, et
« notamment par celui de Paris, lequel n'admettait à plai-
« der devant lui que les avocats inscrits au tableau de l'Or-
« dre. — *Ainsi, l'entière liberté qu'eut toujours l'Ordre des*
« *avocats pour la composition de son tableau constituait un*
« *vieux principe, que notre législation actuelle a pleinement*
« *maintenu.*

« . . . .

« 2° On doit distinguer deux sortes de pouvoirs, bien diffé-
« rents l'un de l'autre, dont se trouve investi tout conseil de
« discipline d'un Ordre d'avocats par les diverses dispositions
« portées dans l'ordonnance du 20 novembre 1822 : *l'un, pu-*
« *rement réglementaire, dont le plein et libre exercice n'ap-*
« *partient qu'à lui ; l'autre, qui a un vrai caractère judiciaire,*
« et qui l'autorise à prononcer certaines peines disciplinaires
« contre ceux des membres de l'Ordre par qui elles auraient
« été encourues.

« *Quant au pouvoir réglementaire, ce pouvoir, suivant les*
« *articles 12 et 13 de ladite ordonnance, consiste, pour le con-*
« *seil de discipline, à surveiller tout ce qui peut toucher les in-*
« *térêts et l'honneur de l'Ordre, et à statuer sur les difficultés*
« *auxquelles la composition du tableau peut donner lieu, c'est-*
« *à-dire, et surtout, à accorder ou refuser l'admission au*
« *stage des licenciés en droit qui ont prêté leur serment devant*
« *la Cour, comme aussi à accorder ou refuser l'inscription au*
« *tableau, après l'expiration du stage.* — On sait que, s'il y a
« refus, rejet d'une demande d'admission au stage ou d'ins-
« cription au tableau, un rejet de cette nature, qui n'a jamais
« besoin d'être motivé, a nécessairement pour cause les in-
« formations confidentielles que le conseil de discipline a pu
« recueillir sur les mœurs, la conduite et le degré d'instruc-
« tion de l'avocat demandeur qui s'est présenté à lui ; comme
« aussi et quelquefois sur des faits occultes dont la preuve
« légale serait difficile ou impossible à acquérir.

« *Quant à l'autre pouvoir,* qui appartient au conseil de dis-
« cipline, *pouvoir vraiment judiciaire,* comme nous l'avons
« dit ci-dessus, son exercice est réglé par les articles 15, 18 et
« 22 de la même ordonnance, lesquels autorisent le conseil à
« prononcer certaines peines disciplinaires pour fautes et in-

« fractions commises par des avocats inscrits au tableau. Ces
« peines sont : 1° l'avertissement; 2° la réprimande ; 3° l'in-
« terdiction temporaire ; 4° la radiation du tableau. Dans ces
« deux derniers cas, l'avocat interdit ou rayé peut interjeter
« appel ; et on doit reconnaître qu'alors il est essentiellement
« juste et rationnel que la voie de l'appel ne soit pas fermée
« pour lui. Il est manifeste, en effet, que, lorsqu'un conseil de
« discipline suspend temporairement un avocat ou le raie du
« tableau, il fait en cela un acte de juridiction; il prononce
« une condamnation pénale, laquelle a été basée et a dû l'être
« nécessairement sur des faits précis et déterminés que le
« conseil avait à reconnaître et à apprécier, faits dont il est
« juste ou plutôt indispensable qu'une autorité supérieure,
« celle de la Cour, puisse à son tour, s'il y a appel, vérifier
« l'existence et mesurer la gravité.

« Ceci explique fort clairement pourquoi, dans des cas pa-
« reils, l'appel de l'avocat condamné doit être reçu, confor-
« mément à l'ordonnance de 1822, tandis qu'il ne l'est pas et
« ne doit pas l'être, lorsqu'il ne s'agit que d'une demande
« d'admission au stage ou d'inscription au tableau qui a été
« rejetée ; car, on le répète, il n'y a jamais, pour motiver ces
« sortes de rejets, aucun fait à énoncer, à articuler, aucun fait,
« dès lors, dont une Cour d'appel puisse avoir à prendre con-
« naissance et à apprécier.

« *3° Enfin, l'honneur de l'Ordre des avocats et le maintien
« de ses justes prérogatives exigent qu'il en soit ainsi.* »

C'est, sans aucun doute, cette dernière pensée qui a dicté à
la Cour de cassation le considérant qui termine l'arrêt par elle
rendu dans l'affaire Allain (22 janvier 1850) : « *L'ordonnance
« de 1822 a voulu conserver à l'Ordre lui-même, représenté
« par son conseil, la responsabilité et l'honneur de la forma-
« tion de son tableau.* »

La distinction, entre les attributions administratives et les
pouvoirs judiciaires des conseils de discipline, posée , comme
on vient de le voir, par la Cour de Lyon, le 27 février 1846, se
trouve, du reste, reproduite et consacrée par la Cour de cassation, dans le même arrêt du 22 janvier 1850 : elle avait pris
place, devant cette dernière juridiction, dans les moyens présentés et développés au nom du bâtonnier de l'ordre de Paris;
et M. le procureur général Dupin l'avait relevée dans ses con-

clusions, et l'avait mise en lumière, l'histoire à la main, et par des arguments puisés dans l'intérêt général de la bonne administration de la justice et dans celui même des plaideurs, au nom desquels on a cependant, à plus d'une reprise, attaqué la maxime que nous étudions, en lui déniant toute raison d'être.

Dans le système contraire, c'est-à-dire au soutien de la thèse que toute décision relative au stage ou à l'inscription sur le tableau, peut être déférée, par voie d'appel, à l'examen de la Cour, voici les moyens qui ont été présentés et développés :

1° L'appel est de droit commun ; il faut une disposition formelle de la loi pour l'interdire ; et il n'y en a pas dans l'espèce, le silence de l'ordonnance de 1822 ne pouvant équivaloir à cette interdiction, ni la suppléer ;

2° L'ordonnance permettant l'appel dans les cas d'interdiction temporaire ou de radiation, il n'y a aucun motif pour refuser cette voie de recours contre une décision qui est une *interdiction permanente, une radiation anticipée.*

Voilà l'argumentation des Cours de Caen, Toulouse, Paris et Lyon, dans les arrêts ci-dessus indiqués.

La Cour de Caen ajoute deux autres motifs, tirés, le premier, des inconvénients que, selon elle, l'omnipotence des conseils de discipline pourrait offrir ; le second, des termes de l'article 45 de l'ordonnance, et des enseignements que fournit l'histoire sur les anciens usages du barreau.

1° « L'inscription au tableau étant aujourd'hui une condi-
« tion de rigueur pour pouvoir exercer la profession d'avocat,
« il y aurait les plus graves inconvénients, dans l'intérêt pu-
« blic et dans celui du barreau, à déclarer que les décisions
« des conseils de discipline, portant admission au stage, se-
« raient en dernier ressort. — D'une part, on pourrait crain-
« dre que le nombre des avocats exerçant auprès d'un tribunal
« ne se trouvât quelquefois trop limité, et qu'ainsi les plai-
« deurs n'eussent pas assez de latitude dans le choix de leurs
« défenseurs : d'autre part, ce serait faire dépendre l'état d'un
« citoyen d'une décision qui présenterait des garanties moins
« rassurantes que celles qu'on accorde communément dans
« les matières dont l'intérêt n'est pas à beaucoup près aussi
« important.

« 2° En vertu de l'article 45 de l'ordonnance de 1822, *les*
« *usages observés dans le barreau, relativement aux droits et*

« *aux devoirs des avocats dans l'exercice de leur profession,*
« *sont maintenus* : or, d'après les anciens usages, le droit
« d'appel eût appartenu à l'avocat, muni d'un diplôme de
« licencié et d'un arrêt constatant sa prestation de serment,
« contre la décision d'un conseil de discipline qui aurait re-
« fusé de l'admettre au stage ou de l'inscrire sur le tableau ;
« et il est encore certain que, suivant la jurisprudence d'alors,
« l'appel dont il s'agit aurait été porté devant le parlement.
« Dès lors, il doit l'être devant la Cour, qui remplace cette ju-
« ridiction , et qui, de plus, dans l'état actuel de la législa-
« tion, se trouve saisie d'appels entièrement identiques. »

Ce dernier motif est un de ceux mis en avant par la Cour de
Paris, dans son arrêt du 20 janvier 1848. Aux yeux de la Cour
de Paris, comme aux yeux de la Cour de Caen, il n'y a pas de
doute sur les règles anciennement suivies au barreau, touchant
le point en question. « D'après les *anciens usages*, dit cet arrêt,
« le droit d'appeler de la décision qui refuse son admission
« au stage eût appartenu à M° ....., porteur d'un diplôme de
« licencié et qui justifie de sa prestation de serment comme
« avocat : cet *usage* est attesté par un arrêt du parlement de
« Paris, rendu en 1715. »

Se plaçant à un autre point de vue, et envisageant la position respective de la magistrature et du barreau , l'une vis à
vis de l'autre, et aussi vis à vis de la société tout entière, la
Cour de Nîmes, dans son arrêt du 20 décembre 1837, mettant de côté toute argumentation de textes , comme aussi
tous antécédents historiques, a posé une doctrine qui, appli-
quée , dans l'espèce, à un licencié non encore assermenté ,
n'intéresse pas moins l'avocat en général : car, si les principes
de cet arrêt sont juridiquement vrais, ils devraient être ap-
pliqués avant comme après la prestation du serment, avant
comme après toute décision d'un conseil de discipline.

« Jusqu'au moment où le licencié en droit a prêté serment
« devant une Cour d'appel, il n'est pas avocat, » dit la Cour
« de Nîmes ; « et dès lors il ne peut être soumis à la juridiction
« disciplinaire d'un ordre auquel il n'appartient pas encore.
« Pour mériter son admission à l'exercice de la noble pro-
« fession d'avocat et aux prérogatives qui y sont attachées ,
« il faut, au moins, qu'on puisse espérer de ce licencié le *vir*
« *probus dicendi peritus,* et qu'il offre une double garantie :

« celle de sa capacité et, en outre, celle d'une bonne moralité.

« Les Cours ont seules le droit de lui conférer le titre d'a-
« vocat, et, par suite, c'est à elles à s'assurer s'il est capable,
« et, essentiellement, s'il est digne d'être admis à la profes-
« sion d'avocat.

« Il est des cas, et notamment celui prévu par l'article 468,
« C. pr.-civ., où un avocat peut être appelé à compléter une
« Cour d'appel; et les magistrats qui la composent ont, dès
« lors, un intérêt aussi direct, aussi précis que les avocats
« eux-mêmes à écarter de leurs rangs le licencié dont l'hon-
« neur aurait déjà reçu de graves atteintes.

« La seule exhibition d'un diplôme ne suffit pas au licencié
« pour qu'il puisse être en droit d'exiger son admission au
« serment d'avocat.

« En effet, si cette exhibition qu'il a dû faire au procureur
« général, le *visa* qui a dû y être apposé, sa présentation au
« serment par un avocat, auquel jusqu'à ce jour il est peut-
« être demeuré inconnu; si l'accomplissement de ces forma-
« lités plaçait le procureur général dans l'obligation de ne
« pouvoir jamais, et par aucune sorte de motifs, s'opposer à
« la réception de ce licencié, le législateur, en imposant à ce
« magistrat le devoir de donner des conclusions, aurait exigé
« de lui, on serait forcé de le dire, une formalité absolument
« sans objet.

« *Si l'existence d'un diplôme interdisait à la Cour le droit*
« *de pouvoir se livrer à tout examen qui serait en dehors du*
« *diplôme, si surtout il ne lui était pas permis de s'occuper de*
« *la moralité du récipiendaire, elle n'aurait plus qu'à regretter*
« *son défaut de pouvoir, et à subir la déplorable nécessité*
« *d'attribuer à un étranger un titre qui ne peut lui apparte-*
« *nir, de confier l'exercice d'une profession honorable à des*
« *hommes qu'elle savait perdus d'honneur, sans mœurs, et*
« *déjà publiquement déconsidérés, d'admettre enfin au ser-*
« *ment d'avocat un individu qui, comme homme privé, en au-*
« *rait violé les plus importantes prescriptions.*

« *Elever une pareille prétention, ce serait méconnaître les*
« *devoirs et l'autorité des Cours d'appel.* »

La décision que nous venons de relever a d'autant plus
d'intérêt doctrinal que la Cour de Nimes a statué d'une manière générale, absolue, sans faire une distinction que le pro-

cureur général avait admise, dans son réquisitoire, entre le licencié non encore assermenté et l'avocat assermenté, mais non encore admis dans le sein d'un collége d'avocats. Dans le premier cas, le procureur général professait la théorie consacrée par la Cour, tandis que, dans le second, il reconnaissait que les conseils de discipline ont une juridiction discrétionnaire et souveraine.

Sans doute, sous un autre rapport, la Cour de Nîmes n'a pas été aussi loin que le ministère public, en ce qu'elle n'a pas déclaré que « *les conseils de discipline ne représentent que* « *l'Ordre, et n'exercent que dans l'intérêt particulier de l'Or-* « *dre le pouvoir qui leur est attribué d'admettre ou de repous-* « *ser les avocats qui demandent à être inscrits au tableau.* »

Sans doute encore la Cour n'a pas dit, comme le procureur général le faisait, que « *les conseils de discipline ne représen-* « *tent pas la société, et ne sauraient remplacer les Cours dans* « *l'action protectrice réclamée par l'intérêt des justiciables.* »

Mais la Cour, en se reconnaissant le droit et le devoir de rejeter *de plano* le licencié qui se présentait au serment, n'en a pas moins entendu consacrer par là son droit souverain de juridiction sur l'Ordre. De là au droit d'appel, en matière d'admission au stage ou d'inscription sur le tableau, il n'y a plus qu'un pas à faire : les deux thèses se tiennent solidairement et ne peuvent exister l'une sans l'autre. — C'est là le motif qui nous a fait mettre cette décision sous les yeux de nos lecteurs.

Enfin, c'est au point de vue général de la liberté des professions, *au point de vue libéral*, comme on disait à cette époque, que la question a été envisagée et traitée par la consultation produite, en 1837, devant la Cour de Caen, à laquelle consultation a adhéré M. Demolombe, le savant professeur de Code civil près la Faculté de droit de cette ville.

« On a très bien prouvé qu'il serait inouï que la loi, qui « n'a point fermé la voie de l'appel à l'avocat radié ou même « simplement suspendu, l'eût fermée à l'avocat arrêté dès le « début de sa carrière et privé de tout son avenir!

« Il nous semble qu'en lisant en entier les ordonnances « des 20 novembre 1822 et 27 août 1830, on serait porté à « croire que l'hypothèse du refus d'inscription ne se serait « pas présentée à la pensée des rédacteurs, et qu'en déclarant,

« par l'article 13 de l'ordonnance de 1822, que le conseil de
« discipline statue sur l'admission au stage des licenciés en
« droit, le législateur aurait principalement songé à l'examen
« et à la vérification des pièces et conditions exigées.

« Nous ne voulons assurément pas dire que les droits et les
« devoirs du conseil ne consistent à cet égard que dans un
« simple *visa* ou *enregistrement*. — Mais il semble que le ré-
« dacteur de l'ordonnance, préoccupé dans cet article des
« jeunes gens qui sortent des écoles, n'aurait pas prévu, en
« ce qui les concerne, les cas d'indignité ou d'incompati-
« bilité.

« Qu'est-ce à dire? Que cette omission, si elle existe, doit
« être suppléée par la raison, par la justice, par le droit com-
« mun, dont toutes les analogies les plus parfaites, les plus
« étroites, assurent un recours à l'avocat qu'on refuse d'ad-
« mettre au tableau.

« Quoi! la loi veut que toute délibération d'un conseil de
« famille, qui prononce l'exclusion ou la destitution d'un tu-
« teur soit motivée, et ne puisse être prise qu'après avoir en-
« tendu ou appelé le tuteur ; elle assure au tuteur un recours
« devant les tribunaux!... et il serait permis d'exclure un
« avocat du tableau sans donner de motifs, sans l'appeler,
« sans l'entendre... et aucun recours ne lui serait accordé!...

« Quoi! l'étudiant, le jeune homme à qui les autorités uni-
« versitaires ont infligé des peines de discipline, peut se pour-
« voir contre la décision ; il peut, suivant les différentes dis-
« tinctions, appeler de la décision de la Faculté devant le
« conseil académique, de la décision du conseil académique
« devant le conseil royal de l'instruction publique, de la dé-
« cision du conseil royal devant le conseil d'État!... Et il se-
« rait permis au conseil de discipline d'exclure sans appel
« l'homme fait, l'avocat! de l'exclure pour toujours! de lui
« ravir son état!

« C'est-à-dire, que la loi, suivant le citoyen dans le progrès
« de sa carrière, diminuerait les garanties à mesure que ses
« intérêts deviennent plus précieux et ses droits plus sacrés!

« Non, cela n'est pas; cela ne peut pas être.

« *La profession d'avocat est libre ; vous en feriez un pri-*
« *vilége, un monopole.*

« La profession d'avocat est ouverte à quiconque, riche ou

« pauvre, obscur ou illustre, s'y présente avec les conditions
« légales et la probité personnelle : vous arriveriez à limiter
« le nombre, à recevoir l'un, à refuser l'autre, par des consi-
« dérations personnelles de fortune, de naissance, de pro-
« tection.

« La profession d'avocat est indépendante; dans des temps
« d'orages politiques, c'est le refuge, souvent pour le grand
« bien de tous, des hommes fermes et courageux : vous lui
« raviriez ce droit d'asile, s'il arrivait qu'une opinion quel-
« conque dominât dans le conseil.

« Nous savons bien tout ce que le caractère du barreau
« français offre de garanties contre de tels dangers; mais,
« d'une part, une bonne institution ne doit pas se mettre à
« la discrétion des volontés personnelles; d'autre part, il im-
« porte à l'honneur même du barreau que la loi ne l'expose
« pas aux soupçons, même injustes, qu'une décision sans
« motifs et sans appel pourrait souvent exciter.

« La haute et impartiale juridiction des Cours est donc dans
« l'intérêt commun, dans l'intérêt de tous. »

Les deux systèmes ainsi mis en présence, que doit-on conclure? Lequel des deux est préférable, en droit et en saine
raison?

C'est ce que nous avons à rechercher maintenant.

En droit, le texte de l'ordonnance de 1822 nous paraît
précis et positif.

Les art. 12, 13 et 14 d'une part, 15 et 18 d'autre part, déterminent les cas où le conseil de discipline est appelé à déli-
bérer sur des demandes ou des faits intéressant des licenciés
assermentés, ou des avocats stagiaires ou inscrits au tableau.

Ce sont des articles qui délimitent la double compétence
(*administrative* et *judiciaire*, selon la distinction faite par la
Cour de Lyon, dans son arrêt du 28 février 1846) appartenant
au conseil. — La compétence administrative est fixée par les
art. 12 et 13, tandis que ce sont les art. 14, 15 et 18 qui attribuent au conseil la compétence judiciaire, ou, pour mieux
dire, disciplinaire – pénale.

Or, aux termes de l'art. 12, le conseil prononce : 1° *sur les
difficultés relatives à l'inscription dans le tableau de l'ordre.*

D'autre part, « *Le conseil de discipline*, dit l'art. 13, *statue*

« *sur l'admission au stage des licenciés en droit qui ont prêté*
« *le serment d'avocat dans les Cours royales, sur l'inscrip-*
« *tion au tableau des avocats stagiaires, après l'expiration*
« *de leur stage; et sur le rang de ceux qui, ayant déjà été*
« *inscrits au tableau et ayant abandonné l'exercice de leur*
« *profession, se présenteraient de nouveau pour la reprendre.* »

Voilà les attributions qu'on est convenu d'appeler *administratives*, par opposition aux autres attributions que nous allons énumérer tout à l'heure.

Quant aux articles 12, 14 et 18, ils statuent ainsi :

« Les attributions du conseil de discipline consistent : ·····
« ... *2° à exercer la surveillance que l'honneur et les intérêts*
« *de l'Ordre rendent nécessaire; 3° à appliquer, lorsqu'il y*
« *a lieu, les mesures de discipline autorisées par les règlements*
« (art. 12).

« *Les conseils de discipline sont chargés de maintenir les*
« *sentiments de fidélité à la monarchie et aux institutions*
« *constitutionnelles, et les principes de modération et de dé-*
« *sintéressement sur lesquels repose l'honneur de l'Ordre des*
« *avocats. — Ils surveillent les mœurs et la conduite des avo-*
« *cats stagiaires* (art. 14).

« *Les conseils de discipline répriment d'office, ou sur les*
« *plaintes qui leur sont adressées, les infractions et les fautes*
« *commises par les avocats inscrits au tableau* (art. 15).

« *Les peines de discipline sont : l'avertissement, la répri-*
« *mande, l'interdiction temporaire, la radiation du tableau*
« (art. 18). »

Voilà les attributions dites : *disciplinaires-pénales*.

A l'égard des stagiaires, il faut encore ajouter l'art. 32, qui porte que : « *Les conseils de discipline pourront, selon les cas, prolonger la durée du stage.* » — C'est là une véritable peine, selon nous; puisque, dans certains cas (*consultation sur requête civile...*), il faut à l'avocat un nombre déterminé d'années d'inscription au tableau pour pouvoir exercer tels droits, donner tels avis...

Quelles sont les voies de recours contre les décisions du conseil? Dans quels cas le recours est-il admis?

Les art. 21, 22, 23, 24 et 25 règlent la matière.

« *Toute décision du conseil de discipline, emportant inter-*
« *diction temporaire ou radiation, sera transmise, dans les*

« trois jours, au procureur général, qui en assurera et en
« surveillera l'exécution (art. 21).

« Le procureur général pourra, quand il le jugera néces-
« saire, requérir qu'il lui soit délivré une expédition des dé-
« cisions emportant avertissement ou réprimande (art. 22).

« Pourra également, le procureur général, demander ex-
« pédition de toute décision par laquelle le conseil de discipline
« aurait prononcé l'absolution de l'avocat inculpé (art. 23).

« Dans les cas d'interdiction à temps ou de radiation, l'a-
« vocat condamné pourra interjeter appel devant la Cour du
« ressort (art. 24).

« Le droit d'appeler des décisions rendues par les conseils
« de discipline, dans les cas prévus par l'art. 15, appartient
« également à nos procureurs généraux (art. 25). »

Ce qui nous frappe dans ces textes, c'est la précision des
art. 24 et 25 :

L'avocat condamné peut interjeter appel : *dans les cas d'interdiction à temps, ou de radiation.*

Le procureur général a le droit d'appel : *à l'égard des décisions rendues par les conseils de discipline, dans les cas prévus
par l'art. 15.*

Le terrain de l'appel nous semble circonscrit de telle manière que le doute n'est pas possible.

A l'égard de l'avocat, deux peines seulement donnent ou-
verture à appel : *l'interdiction à temps, la radiation;*

A l'égard du ministère public, il peut interjeter appel, *à
minima,* de toutes décisions du conseil de discipline, mais
seulement lorsque le conseil a statué en vertu de l'art. 15,
c'est-à-dire lorsque la décision qu'entend critiquer le ministère public est une de celles appelées *disciplinaires-pénales.*

Ni l'art. 24, ni l'art. 25 ne donnent à l'avocat, non plus
qu'au procureur général, le droit d'appel, à fins quelconques,
d'une décision prise par le conseil en vertu de l'art. 12, § 1er,
et de l'art. 13.

Dès lors, il nous semble que, ni l'avocat, ni le ministère
public, ne peuvent appeler, *pour motifs et erreurs de fait,*
d'une décision du conseil portant admission ou refus d'admission au stage, inscription ou refus d'inscription sur le
tableau. La maxime, *inclusio unius, exclusio alterius,* nous
paraît d'une applicabilité parfaite pour la solution de la ques-

tion actuelle : autrement, il n'aurait servi de rien au législateur d'écrire les articles 24 et 25 ; il faut même, pour soutenir la thèse du droit d'appel, considérer ces articles comme non existants, conséquence qui suffirait à elle seule pour caractériser ce système au point de vue juridique.

N'en est-il pas ainsi, d'ailleurs, en toutes matières?

Le Code de procédure civile, le Code d'instruction criminelle, les diverses lois enfin, promulguées depuis cinquante ans, n'ont-elles pas toujours déterminé et limité les cas possibles d'appel ?

Est-il venu à la pensée d'aucun jurisconsulte d'étendre, par analogie, le droit d'appel d'un cas à un autre, alors même qu'il y aurait eu, en faveur de l'appel, des considérations morales de l'ordre le plus élevé ?

Non, jamais. — Et, si un appel de ce genre eût été porté devant une Cour, l'intimé n'eût pas manqué d'énumérer les cas possibles d'appel, comme formant un cercle de Popilius duquel la partie adverse n'avait pas le droit de sortir.

Il en doit être de même ici. — La loi est claire et précise; et nous ne voyons aucun motif légal qui puisse faire fléchir le texte impératif des articles 24 et 25. Il ne faut pas oublier que les décisions du conseil, relatives au stage ou au tableau, sont prises en vertu et conformité des pouvoirs attribués audit conseil par les articles 12, § 1, et 13 de l'ordonnance; et non pas en vertu de l'article 15 : peut-être la question que nous examinons n'a-t-elle dû sa naissance et les développements qu'elle a pris qu'à un examen inattentif, superficiel, des textes que nous venons de rappeler.

Sous ce premier rapport donc, nous persisterions dans notre sentiment : l'opinion de MM. Daviel, Dupin et Mollot nous semblerait préférable à celle de MM. Dalloz et Demolombe.

Vient maintenant l'examen du second point de vue, c'est-à-dire de l'argument historique, puisé par les Cours de Caen et de Paris dans les anciens usages du barreau, auxquels l'article 45 de l'ordonnance de 1822 déclare se référer, et qu'elle maintient même expressément.

Jusqu'ici, nous avions admis, nous l'avons dit, comme axiome historique, en quelque sorte, que *l'Ordre avait toujours été maître de son tableau :* sur ce point encore, nous partagions, sans hésitation aucune, l'opinion de MM. Daviel, Dupin et Mollot.

Mais, en présence de l'opinion contraire, émise et soutenue à plusieurs reprises, ainsi qu'on l'a vu, par les arrêtistes de Dalloz (*Jurisp. gén.*, 2e *édition*; v° Avocat, n° 107; — *D. P.* 1846-2, 49; 1850-1, 17), nous avons voulu nous éclairer. — Nous avons recherché les documents historiques ayant trait à la question, en remontant même au droit romain; et c'est le résultat de cette étude que nous venons mettre sous les yeux de nos lecteurs.

Quant au barreau romain, et à ses règles, M. Grellet-Dumazeau nous donne, dans son excellent livre sur ce sujet, des détails d'une précision telle que nous ne croyons pouvoir mieux faire que d'en reproduire ici quelques passages, extraits des deux chapitres sur *les Avocats comme corporation*, d'une part; et sur les *conditions d'admission et études préparatoires*, d'autre part.

CHAPITRE IV. — *Des avocats comme corporation.*

« L'ancien barreau romain n'eut pas d'institutions propre-
« ment dites. Les droits et les devoirs de l'avocat ne furent
« déterminés dans l'origine par aucune loi, par aucun règle-
« ment; et l'on comprend qu'il en dut être ainsi, pour peu
« qu'on veuille se reporter à ce que nous avons dit des rela-
« tions existant entre le patron et le client.

« La pensée d'unir les avocats par un lien quelconque, de
« les constituer en collége, et de les soumettre à des règle-
« ments, créés, soit dans leur propre intérêt, soit dans l'inté-
« rêt public, ne put naître qu'après la dissolution du patro-
« nat, et alors seulement que leur ministère fut devenu indé-
« pendant et professionnel.

« C'est, en effet, ce qui arriva.

« Il paraît certain que, bien avant le vii° siècle de l'ère ro-
« maine, le barreau fut collectivement placé sous l'empire de
« règles communes.

« Cicéron parle, à plusieurs reprises, de son *ancien insti-*
« *tut: Veteri instituto solus peroravi* (1); *manere in instituto*

(1) *Pro Cluentio*, c. 7°.

« *videor* (1). Il vante son lustre et son indépendance : *Tu ali-*
« *quem patronum invenies, hominem antiqui officii qui splen-*
« *dorem nostrum et gratiam numquam negligat* (2).

« Ces règles étaient-elles écrites? L'agrégation avait-elle
« le caractère d'une institution organisée, comme le collège
« des Augures par exemple ?

« Nous ne le pensons pas.

« Il est probable que la tradition fut longtemps la seule loi
« invoquée et acceptée, et que l'unité fut plutôt le résultat de
« l'esprit de corps, que du fait de l'existence légale du corps
« lui-même. Des devoirs s'établirent par le sentiment des con-
« venances et se maintinrent par l'usage, autorité si puissante
« chez les Romains. D'autres devoirs, puisés dans le souvenir
« des clauses souvent incomprises de l'ancien patronat, s'é-
« taient imposés à titre de *mores majorum;* notamment la
« gratuité de l'assistance, tradition généreuse sans doute,
« mais qui puisait son principe dans une fausse notion du
« passé.

« Quoi qu'il en soit, nous savons que le ministère de l'avocat
« fut soumis, durant la période républicaine, à certaines con-
« ditions d'exercice, à des incompatibilités, à des injonctions,
« à des mesures disciplinaires : c'est assez pour prouver qu'il
« fut quelque chose de distinct dans l'État, s'il ne fut pas un
« *Ordre* proprement dit.

« Cette intervention de la loi positive, que nous ne saisis-
« sons pas encore dans les règlements destinés à fixer la posi-
« tion de l'avocat, considéré comme membre d'une corpora-
« tion, se laisse mieux apercevoir à mesure que son ministère
« revêt plus nettement le caractère d'une profession.

« Ainsi, cette profession commence à se dessiner sous Caton
« l'Ancien; et la loi Cincia vient prohiber les honoraires.

« Au temps de Cicéron, la défense est obligatoire, sur la dé-
« signation faite d'office par le juge.

« Plus tard, Auguste, Claude, Néron et Trajan publient
« successivement des décrets destinés à confirmer ou à pro-
« hiber la loi Cincia.

« Le tribunal des Centumvirs n'admet à plaider devant lui,

(1) *In Cœcilium dicinatio,* c. 2

(2) *Pro Quintio,* c. 12.

« pour la première fois, que sur la présentation d'une per-
« sonne de distinction.

« Le Sénat s'attribue le pouvoir de prononcer des suspen-
« sions.

« Ce sont là, sans doute, autant de signes indiquant la per-
« sonnalité collective : cependant ce caractère ne devient ma-
« nifeste que sous le règne d'Alexandre-Sévère et de ses suc-
« cesseurs.

« Ulpien, dans son premier livre, *De officio proconsulis,*
« nous apprend que nul ne peut plaider sans y être autorisé
« par un édit de magistrat. Une prohibition de cette nature
« implique la nécessité d'une organisation ; car elle ne peut
« avoir d'effet qu'à cette condition : cependant ce n'est que
« dans des documents bien postérieurs qu'il nous est donné
« de puiser des détails précis sur cette organisation.

« Sous les empereurs Théodose et Valentinien, Marcien,
« Léon, Anthémius, Justin et Justinien, la corporation des
« avocats est réglementée avec le plus grand soin :

« Elle est appelée *Collegium*, *Ordo*, *Consortium*, *Corpus,*
« *Toga, Advocatio, Matricula ;*

« Les avocats, autorisés par une permission expresse à
« exercer leur ministère devant les tribunaux, étaient inscrits
« sur un tableau par rang d'ancienneté ;

« Leur nombre était déterminé et limité ;

« Ils étaient soumis à des épreuves et à un temps de stage ;

« Ils jouissaient de priviléges spéciaux ;

« Ils pouvaient être suspendus et interdits ;

« Enfin, près de certaines juridictions supérieures, la pro-
« fession d'avocat constituait un véritable monopole.

CHAP. VI. — *Conditions d'admission: études préparatoires.*

« Lorsqu'il n'existait aucun empêchement absolu ou rela-
« tif, de la nature de ceux que nous avons passés en revue
« (*âge, incompatibilités, infamie*), l'aspirant avait-il à remplir
« quelques conditions pour être admis à la plaidoirie ?

« Sous l'empire de l'institution du patronat, il suffisait sans
« doute que l'avocat justifiât de son titre de patron.

« Pline nous apprend qu'à une époque antérieure à son
« enfance, les jeunes gens, appartenant même aux familles les
« plus illustres, n'étaient admis à plaider devant les cen-

« tumvirs que sur la présentation d'un personnage consu-
« laire : il ajoute que cet usage était tombé en désuétude de
« son temps, et que, par suite, le tribunal était encombré
« d'écoliers sans talent, déclamateurs obscurs dont l'irrévé-
« rence et la présomption faisaient dire avec raison à Attilius
« que les enfants débutaient à l'école par Homère, comme ils
« débutaient au barreau par les centumvirs, c'est-à-dire par ce
« qu'il y a de plus difficile ; — il résulterait de ce passage
« qu'alors même qu'une présentation avait lieu, c'était plutôt
« par sentiment des convenances qu'en exécution d'un règle-
« ment positif, et que la défense restait affranchie de cette for-
« malité dans les causes publiques.

« Des conditions obligatoires d'admission ne furent réelle-
« ment imposées que lorsque le barreau eut été constitué en
« corporation, et le ministère de l'avocat érigé en une sorte de
« fonction publique.

« Justinien, dans sa première préface des Pandectes, nous
« fait connaître la matière et la durée des études exigées des
« jeunes gens qui se destinaient à la profession d'avocat avant
« la publication de son corps de droit.

« L'enseignement embrassait une période de quatre années
« environ . . . .
« . . . .

« Justinien changea ce mode d'enseignement, qui laissait
« beaucoup à désirer pour la méthode et pour le choix des
« matières . . . .
« . . . .

« Tel était le programme de l'enseignement du droit, avant
« Justinien et sous ce prince, dans les écoles de Rome et de
« Béryte, les seules dont l'existence fût autorisée. Nul ne put
« être inscrit sur le tableau des avocats (*consortio sociari*),
« s'il ne justifiait de ce temps d'études et n'établissait, en
« outre, dans un examen spécial, qu'il en avait profité.

« Enfin, l'admission à la plaidoirie fut encore subordonnée
« à la permission spéciale du représentant du prince, ou du
« prince lui-même.

« . . . .

« De Constantin à Justinien, les avocats étaient divisés en
« deux classes : les avocats en titre (*statuti*) et les surnumé-
« raires (*supernumerarii*). — Les premiers seuls étaient in-

« scrits sur le registre matricule, et faisaient partie du collége
« établi près de chaque juridiction : les surnuméraires n'é-
« taient attachés à aucun barreau et pouvaient fixer leur ré-
« sidence où il leur plaisait ; ils remplaçaient les titulaires au
« fur et à mesure des vacances, car le nombre de ces derniers
« était limité.

« Théodose fixa à 150 le nombre des avocats de la préfec-
« ture prétorienne d'Orient : le même nombre fut attaché par
« Zénon à la préfecture d'Illyrie. . . . .

« . . . . . Les avocats qui n'étaient point compris sur
« ces listes privilégiées faisaient néanmoins partie de l'Ordre,
« et pouvaient plaider devant certains tribunaux inférieurs. »

De ces détails, dont l'exactitude se reconnaît facilement
en parcourant les textes du Code de Justinien (aux titres : *de
Postulando ; de Advocatis diversorum judiciorum*), il faut
conclure que le droit romain ne contient aucun enseignement
sur la question. — L'organisation du barreau, au principe
comme dans les temps les plus rapprochés, était bien évidemment toute différente de la nôtre : les règles touchant le mode
de présentation au barreau, les conditions d'admission, subordonnée à la volonté du prince, la fixation du nombre des
avocats en titre, suffisent pour lever tout doute. Le barreau
était un *corps* parfaitement organisé, un *ordre* proprement
dit ; cela nous paraît incontestable : mais les moyens de recru-
tement de ce *corps*, de cet *ordre*, étaient si différents de ceux
qui existent aujourd'hui, et si peu libres et spontanés surtout, qu'il n'y a aucune induction à tirer de ces textes, en
faveur de l'une ou de l'autre des thèses que nous examinons.

Passons donc ; et voyons ce que nous offrent, pour l'histoire du barreau, les textes des déclarations, édits, ordonnances. . . . . . de nos rois, ou des parlements, qui ont eu
pour but de réglementer l'exercice de la profession d'avocat.

Jusqu'en février 1327, le nom de l'avocat n'est mentionné
que pour déterminer ses devoirs vis à vis des juges, des plaideurs, des procureurs et de ses confrères ; et aussi les droits
auxquels l'avocat peut prétendre relativement à ses *honoraires, salaires d'écritures.....* — Nous ne trouvons rien qui
ait trait, directement ou indirectement, au mode d'admission
du licencié au *stage*, à son inscription sur le *rôle*, à la confec-
tion du *tableau*, en un mot.

Depuis février 1327, au contraire, nous trouvons un certain nombre de *déclarations*, *d'ordonnances*, *d'édits*, desquels nous extrayons les articles et les passages qui peuvent éclairer la question; citations textuelles, un peu longues peut-être, parfois, mais indispensables, ce nous semble, pour l'appréciation historique de la question.

FÉVRIER 1327. — PARIS. — *Ordonnance de Philippe, comte de Valois et d'Anjou, régent du royaume, et de son conseil, portant homologation du règlement arrêté par le prévôt de Paris et les commissaires-adjoints, sur l'administration de la justice au Châtelet de Paris, les devoirs des juges, avocats, notaires et autres officiers.*

« Art. 41. Que l'advocat ne sera reçeu à plaider, s'il n'est « juré suffisamment, ou *son nom escrit au roolle aux advo-* « *cats.*

« 42. Deffendu est, que nul ne s'efforce de plaider, s'il n'est « advocat, si ce n'est pour sa cause propre. »

1344. — *Ordonnances du parlement sur les huissiers, les avocats et conseillers, les procureurs et les parties.*

§ II. — *Ordonnances touchant les avocats et conseillers.*

« Art. 1er. Ponantur in scriptis nomina advocatorum; « deinde, rejectis non peritis, eligantur ad hoc officium ido- « nei et sufficientes.

« Art. 3. Et est sciendum quod nullus advocatus ad patro- « cinandum recipietur, nisi sit juratus et in rotulo nominum « advocatorum scriptus. — Et prohibet curia ne ipsi inge- « rant se ad patrocinandum, nisi sint jurati. »

§ III. — *Ordonnances touchant les procureurs.*

« Art. 1. Ponantur in scriptis, post nomina advocatorum.

« Art. 2. *Et est sciendum quod nullus procurator generalis* « *parlamenti admittetur ad officium procuratoris exercen-* « *dum, nisi sit juratus, et in rotulis procuratorum genera-* « *lium scriptus.* Et prohibet curia, ne ipsi ingerant se ad « procuratores generales in parlamento, nisi fuerint jurati. »

17 JANVIER 1367. — *Ordonnances sur les fonctions des avocats et des procureurs, et sur les procédures au Châtelet de Paris.*

« Art. 1. Que chacun an, lendemain de Quasimodo, et le « premier jour plaidoyable après vacacions de vendenges, les

« advocas et procureurs feront et renouvelleront leurs sere-
« ments de bien et loyaulment patrociner, selon ce qu'il leur
« sera enjoint et chargié par le prevost, et si comme l'en le
« fait en Parlement : *et seront les noms enregistrez, par quoy*
« *l'en sache quelz advocas et procureurs y doivent patro-*
« *ciner.*
    « Art. 2. *Que doresenavant aucun ne pourra patrociner en*
« *fait d'advocacie et de procuracion, se il n'est à ce receuz par*
« *le prevost, et par le conseil d'aucuns assistens de la court, et*
« se il n'a fait le serement de loyaulment patrociner. »

12 JUILLET 1409. — *Lettres de Charles VI, portant confirmation*
d'un règlement sur l'administration de la justice en Dauphiné.

    « Art. 2. Illico et incontinenti (post missam de Sancto Spi-
« ritu celebratam) advocati singuli primo, et deinde secre-
« tarii singuli, et demum procuratores, *quorum nomina erunt*
« *in rotulo quodam descripta,* secundum gradum et antiqui-
« tatem cujuslibet eorum, jurabunt præsidente in præsen-
« cia astantium, unus post alium, juxta et secundum des-
« criptionem nominum, bene fideliter officium suum exer-
« cere. »

    De advocatis et procuratoribus, et qualiter se habere debent.

    « Art. 22. Quod nullus admittetur ad patrocinandum vel
« procurationis officium exercendum, nisi primo juratus
« extiterit. »

MAI 1425. — *Ordonnance de Henri VI d'Angleterre, homologuant*
le règlement sur l'administration de la justice au Châtelet, ré-
digé au Parlement de Paris, en exécution de l'ordonnance du
5 août 1424.

DES ADVOCAS ET PROCUREURS.

    « Art. 42. Nous ordenons que aucun ne pourra patrociner
« ne pratiquer au fait d'advocacerie ne de procuracion au
« Chastelet de Paris, se il n'est receu à ce par le prevost ou
« son lieutenant, et par le conseil d'aucun assistant de la
« court dudit Chastelet ; et se il n'a fait le serement de loyau-
« ment patrociner et pratiquer. »

OCTOBRE 1485. — *Édit de Charles VIII sur les examinateurs et clercs civils et criminels de la prévôté de Paris, les avocats et procureurs au Châtelet.*

DES AVOCATS ET PROCUREURS.

« Art. 1. Nous ordonnons qu'aucun ne pourra patrociner
« ne pratiquer au fait d'advocacerie ou de procuration au
« Chastelet de Paris, s'il n'est receu à ce par le prevost ou son
« lieutenant, et par le conseil d'aucun assistant de la cour
« dudit Chatelet, et s'il n'a fait le serment de loyalement pa-
« trociner et pratiquer. »

OCTOBRE 1535. — *Ordonnance sur l'administration de la justice en Provence* (1).

CHAPITRE IV. — *Des advocats postulans en nostredite cour.*

« Art. 1. Avons inhibé et défendu, inhibons et défendons à
« tous graduez et advocats d'eux ingérer de postuler ne pa-
« trociner en nostredite cour de Parlement, qu'ils ne soient
« receux en icelle, et qu'ils n'ayent presté le serment en tel
« cas pertinant, et soient escrits en la matricule : *et qu'ils ne*
« *soient receux s'ils ne sont graduez* in altero jurium. »

CHAPITRE V. — *Des procureurs en ladite cour.*

« Art. 1. Avons inhibé et défendu, inhibons et défendons à
« tous, de quelques estats qu'ils soient, qu'ils n'aient à eux
« ingérer d'exercer l'estat de procureur en nostredite cour
« qu'ils n'ayent esté examinez et trouvez suffisans à ce par
« ladite cour, et presté le serment en tel cas pertinent.

« Art. 2. Avant que d'estre interrogez, examinez et receus
« en icelle, bailleront requeste à la cour, et par ordonnance
« sera communiquée à nosdits advocat et procureur, lesquels
« s'informeront bien et deuëment de la vie et bonnes mœurs
« de celuy qui aura présenté ladite requeste, le plus promp-
« tement que faire se pourra. — Et lesquels nosdits advocat
« et procureur après estre informez seront ouys, et feront
« leur rapport de ce qu'ils auront trouvé, le plus prompte-
« ment que faire pourront. »

« (1) Quoique cette ordonnance soit locale, elle est souvent invoquée comme est-
« son écrite, ainsi qu'on le voit dans les plaidoyers de M. Merlin et ailleurs. »
(Decrusy et Lambert).
C'est par ce motif que nous en parlons pour mémoire.

AVRIL 1625. — *Édit de Louis XIII sur les degrés de licence et de doctorat en droit de toutes les universités.*

« Art. 2. Voulons et ordonnons que *nosdits subjects ne* « *puissent être reçus au serment d'advocat,* ou charge de judi- « cature, *sans avoir obtenu lesdites lettres de licence* ou de « doctorat en l'une desdites universités.

« Art. 9. Voulons et nous plaît que nos advocats et procu- « reurs généraux tiennent la main à ce qu'il ne soit contre- « venu au présent édit et ordonnance, et qu'ils empêchent « *qu'aucun ne soit reçu audit serment d'avocat, qu'il ne leur* « *aye, préalablement, fait apparoir desdites immatricules,* « *attestations et lettres de licence en ladite forme.* »

AVRIL 1679. — *Édit touchant l'étude du droit civil et canonique, et du droit français, et les matricules des avocats.*

« Art. 15. . . . . « . . . . *Défendons à nos avocats et procureurs de* « *riser aucunes lettres de licence, qu'ils n'ayent auparavant* « *vérifié que ceux qui les ont obtenues ont actuellement étudié* « *le temps porté par notre présente déclaration.* Et, à l'égard « de ceux qui auront obtenu des licences dans une université « qui ne sera pas du ressort du Parlement où ils voudront « être reçus avocats, ils seront tenus de rapporter une attes- « tation en bonne forme, des officiers du parquet du Parle- « ment dans le ressort duquel l'université dont ils auront « obtenu les licences sera située, portant qu'ils se sont inscrits « sur les feuilles de ladite université, et qu'ils ont accompli « le temps d'études porté par notre présente déclaration. — « *Autrement défendons à tous avocats de les présenter au ser-* « *ment d'avocat, et à nos cours de les recevoir,* et déclarons « leurs réceptions nulles.

« Art. 20. *Et en conséquence, défendons dès à présent..... à* « *nos cours de recevoir qui que ce soit au serment d'avocat,* « *que conformément à notre présente déclaration....* »

6 AOUT 1682. — *Déclaration sur l'édit d'avril 1679, portant règle- ment pour le rétablissement des études de droit civil et cano- nique.*

« Art. 23. Pour ne pas exclure entièrement ceux qui ont « 27 ans passés de prendre des degrés en droit canonique et

« civil, voulons et ordonnons qu'ils puissent, en justifiant par
« leurs extraits baptistaires en bonne forme qu'ils ont 27 ans,
« se présenter pour subir les examens et soutenir les thèses,
« et obtenir les degrés de bachelier et de licencié dans l'inter-
« valle de trois en trois mois ; et s'ils sont trouvés suffisants
« et capables, les lettres de bachelier et de licencié leur
« seront expédiées, *sur lesquelles ils pourront être reçus au*
« *serment d'avocat.*»

17 JUILLET 1693. — *Arrêt de règlement du Parlement de Paris qui
fixe les écritures du ministère des avocats et celles du ministère
des procureurs.*

« La cour a ordonné et ordonne que, suivant ce qui a été
« convenu entre les avocats et les procureurs de ladite
« cour,..... les écritures du ministère des avocats n'entreront
« point en taxe, si elles ne sont faites et signées par un avo-
« cat *de ceux qui seront inscrits dans le tableau, qui sera*
« *présenté à la cour par le bâtonnier.* »

Nous ne mentionnons que pour mémoire les déclarations
des 17 *novembre* 1690 et 3 *avril* 1710, portant l'une et l'autre
règlement sur l'étude du droit civil et canonique, et la réception au serment d'avocat. — Ces deux déclarations statuant dans les mêmes termes que celles de 1679 et 1682, il est
inutile de les reproduire ici. On y trouve toujours la nécessité des lettres de licence pour être admis au serment d'avocat, et rien sur le mode de réception.

5 MAI 1751. — *Règlement du Parlement de Paris relatif au stage
et à l'inscription sur le tableau.*

Un grand relâchement s'étant introduit dans la discipline
intérieure de l'Ordre, depuis le règlement de 1693, et une
foule d'intrus s'étant, par suite, fait inscrire au tableau,
Mͬ Doulcet, bâtonnier en exercice, demanda à être introduit à
la Grand'Chambre, et exposa :

« Que l'on avait inscrit sur le tableau des avocats qui ne se
destinaient pas sincèrement à la profession, qui ne l'avaient
pas exercée depuis, ou qui ne l'avaient exercée que d'une
manière prohibée par les règlements et contraire au bien
public ;

« Que des clercs, qui n'avaient pas rempli le temps pour

être procureurs, avaient trouvé le secret de se faire inscrire sur deux tableaux, quoiqu'ils n'eussent jamais fait la profession d'avocat ;

« Que l'on avait inscrit à la suite du tableau des avocats inconnus, qui n'avaient pas de domicile à Paris, ou qui avaient accepté des emplois incompatibles avec la profession d'avocat ;

« Pourquoi, il croyait devoir proposer à la cour d'ordonner :

« 1° Que l'on ne pourra plus être inscrit sur le tableau « qu'après quatre années de fréquentation du barreau, dont « on sera tenu de rapporter des certificats signés par six avo- « cats qui seraient indiqués par le bâtonnier ;

« 2° Que nul ne pourra être inscrit sur le tableau s'il ne « fait la profession d'avocat, et s'il n'a un domicile constant « et connu à Paris ;

« 3° Qu'il n'y aura aucune liste, à la suite et séparée du « tableau, contenant les noms de ceux qui n'auraient pas « fait leurs quatre années d'épreuve. »

Ce fut sur ces bases, après avoir entendu les *gens* du roi, *avec lesquels cette requête avait été concertée par le bâtonnier, Me Doulcet*, que fut rendu l'arrêt de règlement, aux fins et dans les termes proposés par l'Ordre lui-même.

Nous n'avons pas à pousser plus loin cette revue historique des textes. — La loi des 22 *ventôse* - 2 *germinal an* XII, relative aux *écoles de droit*, et le décret du 14 *décembre* 1810, appartiennent à l'histoire moderne; et l'article 45 de l'ordonnance de 1822 se réfère bien évidemment aux *usages observés dans le barreau* antérieurement au décret des 25 *août* - 2, 11 *septembre* 1790, qui a supprimé l'ordre des avocats.

De l'examen des textes que nous venons de citer, il résulte :

1° Que nul ne pouvait être reçu à plaider, comme avocat, s'il n'avait prêté serment et si son nom n'était inscrit au rôle des avocats (*février* 1327, *art.* 41. 42. — 1344, *art.* 1er, 3. — 17 *janvier* 1367, *art.* 1er. — 12 *juillet* 1409, *art.* 2. — *mai* 1425, *art.* 42. — 8 *octobre* 1485, *art.* 1er. — *octobre* 1535, *chap.* 4, *art.* 1er).

2° Que nul ne pouvait être admis à prêter le serment sans avoir obtenu des lettres de licence ou de doctorat, lesquelles lettres devaient être, préalablement à la prestation du serment, représentées aux avocats et procureurs généraux du roi (*octobre* 1535, *chap.* IV, *art.* 1er. — *avril* 1625, *art.* 2, 9. — *avril* 1679, *art.* 15).

Quant à la question de savoir quels étaient les droits du ministère public lors de la représentation des lettres de licence et de la demande d'admission au serment, il y a une distinction à faire, selon nous; comme aussi en ce qui touche les droits que les parlements pouvaient exercer vis-à-vis du licencié requérant son admission au serment, sous le rapport de la moralité, ... du récipiendaire.

En effet :

D'une part, l'ordonnance du 17 *janvier* 1367 porte, dans son article 2, que « *doresenavant aucun ne pourra patrociner* « *en fait d'advocacie...... se il n'est à ce receuz par le prevost* « *et par le conseil d'aucuns assistens de la court......* » — La même disposition se trouve reproduite dans l'article 42 de l'ordonnance de mai 1425, et dans l'article 1er de l'ordonnance d'octobre 1485.

D'autre part, aux termes de l'ordonnance *d'octobre* 1535, la Cour de parlement, lors de la présentation d'un candidat au serment d'avocat, n'a plus à examiner qu'une seule chose, à savoir : *s'il est gradué in altero jurium* (*chap.* IV, *art.* 1er). — Et c'est dans ces termes, à cette mission toute matérielle d'examen des lettres de licence, que le pouvoir des parlements semble restreint depuis lors, en présence du texte ci-dessus reproduit des édits d'*avril* 1625 (*art.* 2, 9) et *avril* 1679 (*art.* 15, 25), et de la déclaration du 6 *août* 1682 (*art.* 23).

Pour nous, il nous semble que, à mesure que la profession d'avocat prenait dans le sol judiciaire de plus profondes racines, la royauté reconnaissait la nécessité de laisser les avocats maîtres d'admettre ou de refuser comme confrères tels licenciés qu'il leur semblait convenable, d'après les renseignements recueillis par les anciens sur la moralité........ du récipiendaire. Le changement qui se produit durant l'intervalle de 1485 à 1535 ne peut avoir eu lieu sans motifs et sans but. Les termes restreints des déclarations et édits de 1535, 1625 et 1679 ont, à nos yeux, une portée irréfragable; à savoir que, l'ordre étant définitivement constitué en 1535, c'est à lui que le pouvoir d'examen est transféré; c'est lui qui devient, vis-à-vis de lui-même, et dans un intérêt judiciaire général, le véritable conseil de discipline : à partir de 1535, l'Ordre a mission et pouvoir de faire ce qui était auparavant attribué au « *prévost ou à son lieutenant, avec le conseil d'au-* « *cun assistant de la cour.* »

Cette induction nous paraît pleinement confirmée par les termes de l'arrêt de règlement de 1693, disposant que « *le* « *tableau des avocats inscrits sera présenté à la cour par le* « *bâtonnier.* » termes précieux pour l'historien, et qui nous font conclure que l'Ordre seul, représenté par le bâtonnier, était en possession de former son tableau, ce qui implique le droit discrétionnaire d'admettre ou de refuser tel licencié que l'Ordre jugeait convenable.

De plus, l'examen des déclarations, édits..... touchant l'ordre judiciaire. nous a fait remarquer, à partir de 1535, une distinction assez tranchée entre la manière dont le législateur traitait la profession d'avocat et l'action qu'il réservait à la magistrature vis-à-vis des procureurs.

Par l'ordonnance d'*octobre* 1535, en effet, alors que l'avocat, pour être admis à *postuler* ou *patrociner*, n'avait qu'à prouver qu'il était *gradué in altero jurium*, il était « *inhibé et dé-* « *fendu à tous d'eux ingérer d'exercer l'estat de procureur en* « *la cour qu'ils n'ayent esté examinez et trouvez suffisans à* « *ce par ladite cour* » (chapitre v, art. 1); et, d'après l'article suivant, « *les advocat et procureur du roi en ladite cour s'in-* « *formeront bien et deuëment de la vie et bonnes mœurs du* « *requestant......, pour après estre ouys et faire leur rapport* « *en la cour de ce qu'ils auront trouvez.* »

Cette différence si tranchée entre l'avocat et le procureur n'indique-t-elle pas clairement la limite où s'arrêtaient, vis-à-vis du premier, les pouvoirs des parlements ? Il nous semble qu'on est en droit de conclure qu'à l'égard de l'avocat le Parlement n'avait qu'un droit, à partir de 1535, examiner *si* *l'impétrant était gradué* in altero jurium. — Quant à l'admission du licencié assermenté dans le sein d'un Ordre, et à son inscription sur le tableau de l'Ordre, l'Ordre seul avait mission de statuer.

Cette impression ne fait que se fortifier à la lecture des édits, déclarations et ordonnances touchant les procureurs, que nous trouvons en grand nombre depuis cette même date de 1535, et notamment à celles du 16 *octobre* 1544, 31 oc-

tobre 1544 , **29** *juin* 1549, *janvier* 1551 , **29** *août* 1559,
août 1561, *février* 1566, **10** *juillet* 1566, **2** *janvier* 1620, *février* 1620. — Les procureurs sont placés, par leur nomination , leur nombre... sous la surveillance et dans la dépendance directe du gouvernement et de la magistrature ; tandis que, durant le même espace de temps, nous n'avons trouvé aucun article de déclaration, édit..... qui disposât de même vis à vis des avocats : la profession semble complètement libre pour quiconque présente au magistrat les preuves de la capacité légale, et à ses confrères futurs les garanties voulues de moralité.

Cependant, nous l'avouons, ce ne sont là que des déductions tirées des textes ; et, par cela que ces textes sont anciens, nous craindrions de faire erreur dans notre raisonnement, entraînés que nous serions par un sentiment de légitime orgueil pour l'indépendance de notre Ordre ; nous hésiterions peut-être à conclure d'une manière complétement affirmative.

Pour nous éclairer, nous avons suivi de nouveau la marche que nous avions adoptée précédemment au point de vue des mesures législatives intéressant l'Ordre, c'est-à-dire que nous avons cherché les éléments de décision dans les auteurs qui ont écrit sur la profession d'avocat antérieurement à 1790.

Voici le résultat de ces recherches :

« Lorsque dans le cours d'une année, dit *Deaizart* (§ 3,
« *art.* 11), un avocat fait une faute grave qui exige qu'on le
« raye sans délai du tableau, les bâtonniers et les anciens,
« après que la radiation a été prononcée, se rendent à la
« grand'chambre et exposent le fait et les motifs de la radia-
« tion. Sur quoi il intervient arrêt qui porte que tel sera et
« demeurera rayé du tableau des avocats étant au greffe de
« la cour. — *La nécessité de cet arrêt vient de ce que le greffe*
« *peut seul effectuer une radiation sur un acte déposé dans*
« *son greffe, et qu'il faut un arrêt qui l'y autorise. MM. les*
« *gens du roi ne manquent pas d'adhérer, dans ces circon-*
« *stances, à des demandes qui n'ont pour motif que l'ordre et*
« *l'intérêt public, et les magistrats se déterminent par les*
« *mêmes voies à accorder l'arrêt.* »

Et plus loin (§ 3, n°s 13 et 18), parlant des droits, quelquefois contestés, de l'Ordre vis à vis de nouveaux confrères, ou,

pour mieux dire, de licenciés demandant leur admission au
stage ou leur inscription au tableau, le même auteur ajoute :

« Il faut des causes pour déterminer les avocats, soit à ne
« point recevoir un nouveau confrère parmi eux, soit à le
« rejeter lorsqu'il est reçu. Nous allons donner quelques
« exemples à cet égard. . . . .

« . . . . *Mais nous ferons préalablement deux*
« *observations :* l'une, que l'attachement singulier des avo-
« cats du parlement de Paris pour la noblesse et la pureté de
« leur profession les rend plus difficiles sur l'admission des
« sujets qui se présentent ; *l'autre, que l'on ne saurait forcer*
« *les avocats au parlement à admettre un nouveau sujet parmi*
« *eux, comme on l'a fait quelquefois à l'égard des avocats qui*
« *exercent près des tribunaux inférieurs.* »

Boucher d'Argis, dans son *Histoire abrégée de l'Ordre des
avocats,* si souvent citée et avec raison, est plus explicite,
plus positif.

« Il y a toujours eu au parlement (*chap.* x, *Du Tableau*
« *des avocats*) un rôle des avocats, puisque l'ordonnance du
« 11 mars 1344 veut que personne ne soit admis à faire la
« profession d'avocat qu'il n'ait prêté serment et ne soit
« inscrit *in rotulo.* — Mais, outre le rôle qui contenait les
« noms de tous ceux qui avaient prêté serment, il paraît que
« l'on faisait un rôle particulier de ceux qui étaient admis à
« faire les fonctions d'avocat. . . . .

« . . . . . . Aussi est-il d'usage, de temps immémorial, que
« le bâtonnier des avocats, avec les anciens bâtonniers et
« autres anciens avocats, et avec un ou deux députés de
« chaque banc, *font entre eux le tableau des avocats ;* et après
« qu'il a été paraphé au parquet, il le porte au greffe, où on
« en fait registre ; ensuite de quoi le bâtonnier le fait ordi-
« nairement imprimer . . . .

« . . . . . . On ne comprend point indi-tinctement dans ce
« tableau tous ceux qui ont prêté serment, dont le nombre
« serait immense, mais seulement ceux qui exercent la pro
« fession, qui la font avec honneur, et qui n'exercent aucun
« emploi incompatible avec la profession. . . . .

« . . . . Pour être admis sur le tableau, il
« faut avoir suivi les audiences et fait la profession au moins
« pendant quatre ans, *et en rapporter au bâtonnier un cer-*

« *tificat signé de six anciens indiqués par le bâtonnier.* . . . .
« . . . . Les avocats des autres parlements
« ou conseils supérieurs peuvent venir s'établir à Paris pour
« y faire la profession d'avocat, sans être obligés de prêter
« un nouveau serment : mais *ils ne sont mis sur le tableau*
« *que du jour qu'ils ont représenté leur matricule au bâton-*
« *nier.* . . . . »

A ces documents de doctrine historique il faut joindre l'enseignement qui résulte de la conduite tenue, à des époques bien éloignées l'une de l'autre, par l'Ordre des avocats de Paris, vis à vis de l'ancien avocat général Labédoyère, de Guillaume Poyet, ex-chancelier, et du célèbre Linguet enfin, et aussi du débat judiciaire qui s'agita, en 1780, entre un sieur Pierre Gouhier et les avocats du bailliage de Nogent-le-Rotrou.

Labédoyère, ancien avocat-général à la Cour des Aides, s'étant présenté à l'Ordre de Paris, fut repoussé du tableau *parce que celui-là ne pouvait trouver un refuge dans le barreau qui avait mal quitté la magistrature.*

Fils de Guy Poyet, avocat d'Angers, Guillaume Póyet exerça d'abord au barreau de Paris avec un éclat tel que la faveur royale, et, à la suite, les places les plus élevées et les honneurs les plus insignes furent rapidement son partage : en 1538, il était nommé chancelier de France. Mais par un retour de fortune que nous n'avons pas à examiner ici, Guillaume Poyet, par arrêt du Parlement de Paris, du 14 avril 1545, était déclaré *convaincu de diverses entreprises et abus contre sa charge; et, à raison de ces faits,* « *privé de tous ses* « *offices, déclaré inhabile d'en tenir.....* » — L'ex-chancelier voulut alors rentrer au barreau de Paris, ce point de départ de sa haute fortune; mais par une décision fondée sur les mêmes motifs que pour Labédoyère, sa demande fut rejetée.

Ni Labédoyère, ni Poyet ne cherchèrent à faire infirmer par l'autorité judiciaire du Parlement la décision de l'Ordre : leur silence nous est une preuve qu'ils reconnurent le *droit souverain de l'Ordre quant aux admissions au stage, à l'inscription sur le tableau.....*

Linguet fut moins soumis, ou, pour mieux dire, moins respectueux envers l'ordre, dont il avait été une des gloires, et qui, pour raison d'expressions peu convenables, à lui échappées dans la défense du comte de Morangiès, l'avait rayé du tableau ; et ses prétentions, fondées sur des faits, furent accueillies et consacrées, on le sait, par un arrêt du Parlement de 1775. — Mais ce qui importe, dans la question actuelle, ce sont les observations que Linguet soumet lui-même à la grand'chambre les 4 et 11 janvier 1775 :

« Quand l'Ordre, usant du droit terrible de vie et de mort « que *l'usage et la confiance,* jusqu'ici toujours justifiés, de « la magistrature, *lui laissent exercer,* prononce contre un de « ses membres cette effrayante proscription, est-ce le minis- « tère public qui s'en rend le trompette, et qui mendie l'of- « fice cruel de le proclamer ? — Non, messieurs ; j'en atteste « les magistrats à qui ces fonctions majestueuses sont con- « fiées. Quand il s'agit de l'Ordre des avocats, en vertu de « l'alliance inviolable établie entre eux et lui, alliance fondée « sur l'estime d'une part et le respect de l'autre, ces magis- « trats veulent bien se rendre, non pas ses procureurs, les « porteurs de son vœu, mais les médiateurs qui lui ouvrent « l'accès aux pieds de la Cour. *Ils se chargent d'y introduire* « *le bâtonnier porteur, en qualité de chef, du décret funeste* « *que la Cour ratifie ; et, sans prévoir ce que dira ce ministre* « *chargé d'une commission, heureusement bien rare, ils se* « *contentent d'annoncer qu'il a quelque chose à dire.* »

Ces déclarations sont précieuses à noter, surtout la dernière phrase qui établit quels étaient, à la fin du siècle derniers, les *usages observés dans le barreau relativement aux droits et aux devoirs des avocats dans l'exercice de leur profession.* — Sans doute, l'Ordre n'était pas maître absolu de rayer du tableau tel ou tel confrère ; celui-ci avait le droit d'appel. Mais, *en vertu de l'alliance inviolable établie entre la magistrature et l'Ordre,* celui-ci avait un droit absolu, discrétionnaire, droit terrible de vie et de mort, si l'on veut, mais droit salutaire peut-être vis à vis des licenciés non encore inscrits au tableau, n'ayant pas cette *possession d'état* dont parle M. Mollot.

Ainsi doivent se combiner et s'éclairent mutuellement les passages du *Traité* de Boucher d'Argis, ci-dessus transcrits, et les observations de Linguet.

La preuve en ressort pour nous, d'ailleurs, du mémoire

rédigé par Me Tronson du Coudray, pour les avocats du bailliage de Nogent-le-Rotrou, dans le procès que leur intenta Pierre Gouhier, en 1780.

Les faits de cette affaire sont très simples.

Pierre Gouhier, *ancien savetier* à Nogent, se fit recevoir licencié en droit par l'université d'Orléans.

Ainsi déclaré légalement capable, *juris utriusque peritus*, Pierre Gouhier voulut se faire recevoir au sein des avocats exerçant près le bailliage de Nogent.

L'Ordre refusa, par des motifs de fait, tirés de l'ancien état de Gouhier, de son mariage, de sa vie habituelle; .....

Pierre Gouhier ne voulut pas céder; et, après avoir obtenu un arrêt sur requête, lui permettant d'assigner les avocats devant la Cour du parlement de laquelle ressortissait le bailliage de Nogent, il forma sa demande, fondée principalement sur le caractère de *libéralité, d'accessibilité à tous*, attaché à la profession d'avocat.

C'est pour faire repousser ces prétentions, en droit d'abord, et en fait ensuite, que Me Tronson du Coudray rédigea un mémoire dont quelques passages nous ont semblé offrir un véritable intérêt, historique et doctrinal, en ce qu'ils attestent *quels étaient les usages à la veille,* pour ainsi dire, *du décret de 1790.*

« La profession d'avocat, dit Pierre Gouhier, est un état
« *libre; je peux le faire.*

« Nous répondrons à Pierre Gouhier qu'il ne s'ensuit pas,
« de ce qu'un état est *libre,* que tout le monde soit *libre* d'y
« entrer.....

« La liberté que les avocats mettent à la tête de leurs prér
« rogatives, est le privilége d'exercer, quand ils veulent et
« comme ils veulent, le ministère respectable qui leur es-
« confié: de ne point acheter le droit de défendre les ci-
« toyens, de ne devoir compte de leur conduite qu'à eux, à
« leur conscience et aux lois.

« *Mais suit-il de cette liberté que, parce qu'on peut être*
« *avocat sans en payer le titre et les priviléges, tout homme*
« *puisse et doive l'être, s'il le veut, par cela seul qu'il n'a*
« *point d'argent à donner?*

« Dans ce sens, le droit de Pierre Gouhier serait, sans
« doute, incontestable; mais il serait étrange que, sous ce

« prétexte, les corps d'avocats devinssent l'égout et le récep-
« tacle des gens les plus vils.....

« . . . .

« Que Pierre Gouhier, fils d'un savetier, eût racheté le vice
« de sa naissance par des talents rares, par une éducation
« propre à les développer, par des sentiments faits pour en
« ennoblir l'usage, par la réunion des plus rares et des plus
« estimables qualités, il aurait droit sans doute d'invoquer
« la *liberté* de notre état; une tache d'opinion ne lui nuirait
« pas aux yeux des hommes honnêtes et sensés qui l'exer-
« cent; ils s'élèveraient au-dessus du préjugé avec autant de
« plaisir que le candidat aurait eu de courage et de ressour-
« ces pour s'élever au-dessus de la classe d'où il serait sorti...

« . . . .

« Ajoutons à ces réflexions une observation qui est com-
« mune à toutes les compagnies du royaume : *c'est que jamais*
« *les magistrats ne les forcent à recevoir un candidat qu'elles*
« *ont de justes motifs d'exclure.*

« *Nos anciennes ordonnances, la jurisprudence nous offrent*
« *une foule d'exemples et d'autorités à l'appui de ce prin-*
« *cipe.*

« Autrefois, les membres des compagnies étaient électifs,
« et l'on croyait qu'un corps dévoué au bien public devait
« choisir lui-même les hommes qu'il associait à une préroga-
« tive aussi noble. Leur honneur personnel en dépend, elles
« répondent à l'opinion des bassesses que commettraient
« quelques-uns des particuliers qui les composent : elles ne
« peuvent, d'ailleurs, remplir leur destination dans l'ordre
« de la société que par le concours unanime de leurs mem-
« bres au bien de la chose publique. — *Elles doivent donc*
« *être autorisées à choisir les candidats qui se présentent à*
« *elles; ou, au moins, à les exclure, quand ils manquent des*
« qualités qu'elles ont droit de leur demander.

« . . . .

« Pierre Gouhier prétend qu'il y a une différence remar-
« quable entre l'espèce de sa cause et toutes celles qu'on
« peut lui opposer. — Il est déjà *avocat*, dit-il, il a subi les
« examens nécessaires : *Un homme qui a pris ses grades*
« *dans une université est censé avoir les connaissances né-*
« *cessaires pour exercer notre profession; un homme qui a*

« *obtenu du parlement une matricule, a le droit de se qua-*
« *lifier avocat et l'est réellement.*

« Tel est l'argument favori de Pierre Gouhier.

« Il n'est pas, comme l'on voit, fort concluant.

« *D'abord, quand l'examen subi à Orléans, par Pierre*
« *Gouhier, serait une preuve de ses connaissances en juris-*
« *prudence, et sa matricule un titre suffisant pour se dire*
« *avocat, Pierre Gouhier aurait encore d'autres preuves à*
« *faire auprès du corps d'avocats dans lequel il voudrait*
« *entrer;* les lumières et les talents ne sont pas les seules
« qualités d'un avocat, la délicatesse et la prudence lui sont
« plus nécessaires encore. Or, sans prétendre accuser Pierre
« Gouhier de manquer de ces deux vertus, nous avons le
« droit de lui objecter son état et sa vie comme une pré-
« somption suffisante.....

«   .   .   .   .

« D'ailleurs, n'est-ce pas une extravagance de se faire un
« moyen d'un usage aussi abusif que celui auquel Pierre
« Gouhier doit ses degrés?

« *Où en seraient toutes les compagnies d'avocats, si elles*
« *étaient obligées d'admettre dans leur sein tous les aventu-*
« *riers qui se présenteraient à elles avec le titre qu'invoque*
« *Pierre Gouhier?*

« L'exemple de Pierre Gouhier serait plutôt une raison,
« pour les magistrats, de remédier à l'abus dont il argu-
« mente; mais il ne peut pas en être une, pour des avocats,
« de consentir à le recevoir.

« *Pierre Gouhier doit donc être déclaré non-recevable et*
« *mal fondé dans sa demande.....* »

Nous n'avons pas besoin de parler du résultat de cette sin-
gulière et, cependant, grave affaire. — Ce qu'il importe de remarquer dans le mémoire de Tronson du Coudray, c'est la
netteté de l'argumentation, et la précision avec laquelle il
met en lumière le point historique que nous examinons en
ce moment : *Jamais les magistrats ne forcent des compagnies*
à recevoir des candidats qu'elles ont de justes motifs d'exclure;
nos anciennes ordonnances, la jurisprudence nous en offrent
une foule d'exemples.....

Pour nous, il est donc bien avéré maintenant que *les usages*
constants de l'Ordre attribuaient au conseil, dans certains

cas, à l'assemblée générale de l'Ordre, dans certains autres, un droit discrétionnaire et absolu quant à l'appréciation *morale* des demandes à fin d'admission au stage et d'inscription au tableau.

Le doute n'existe plus, et, l'art. 45 de l'ordonnance de 1822 à la main, nous n'hésiterions pas, le cas échéant.

Mais il est un autre point que la défense des avocats de Nogent aborde et résout avec non moins de vigueur, c'est l'argument tiré par le sieur Gouhier du caractère de *libéralité* attaché à la profession d'avocat, comme un des beaux fleurons de notre couronne.

C'est précisément ce dernier ordre d'idées que nous avons à examiner.

La liberté de la profession ! C'est là, le lecteur a pu le remarquer, le motif prédominant mis en avant par M. Demolombe dans la consultation produite devant la Cour de Caen; c'est aussi sur ce motif que les arrêtistes de Dalloz ont insisté à plusieurs reprises (D. P. 1846-2, 49; D. N., v° *Avocat*, n°s 107, 108 ..... D. P. 1850-1. 17); en mettant vivement en avant les graves inconvénients qui résulteraient, pour le licencié postulant son admission, d'abord, et pour l'Ordre entier, ensuite, de ce pouvoir absolu et sans contrôle.

Cette argumentation nous a fortement touché, nous devons le dire, précisément à raison des inconvénients que le pouvoir *discrétionnaire* confié aux conseils pourrait offrir dans certains cas.

Il est vrai que le caractère de libéralité, attaché de tout temps à la profession d'avocat, et à qui nous devons en partie, peut-être, la considération qui nous entoure, et la sécurité que nous trouvons dans l'exercice de nos devoirs judiciaires, répugne à cette omnipotence remise aux mains de quelques-uns, omnipotence qui peut égarer l'avocat au sein du conseil, en le mettant à l'abri de tout contrôle.

Il est vrai encore que, dans certains cas, cette omnipotence redoutable peut avoir pour résultat d'éloigner à tout jamais du barreau des hommes honorables, contre lesquels des préventions s'élèveraient, à tort ou à raison, dans le sein de l'Ordre, ou que des discussions politiques ardentes mettraient trop vivement en scène. Nous en avons eu malheureusement des exemples, notamment en ce qui concernait Manuel, en

1816 et 1818. — C'est encore là un danger dont il faut tenir compte.

Il n'est pas moins vrai, comme le fait remarquer M. Demolombe, que ce pouvoir discrétionnaire, attribué au conseil, est en opposition apparente avec les prescriptions de la loi civile en maintes circonstances, notamment lorsqu'il s'agit de *capacités légales*, de droits civils...

Il est vrai enfin que cette omnipotence pourrait avoir pour résultat d'annihiler de longues années d'études, de rendre stériles des efforts constamment répétés, des sacrifices faits par une famille entière, de briser enfin, dans la carrière qu'il espérait de parcourir, la légitime ambition d'un esprit actif et laborieux.

Oui, sans aucun doute, ces considérations sont graves; nous comprenons qu'on les ait fait valoir, dans un intérêt particulier, tout aussi bien que dans l'intérêt général de la meilleure répartition possible des droits et des devoirs.

Elles nous ont fait, elles nous font encore impression, nous ne cherchons pas à le dissimuler.

Mais ces objections restent-elles sans réponse?

Ne peut-on pas dire que, si l'omnipotence du conseil peut, parfois, égarer ses membres, elle est aussi pour tous une garantie de son indépendance? N'est-il pas vrai que, par leur position de famille habituelle, leur fortune, leurs occupations enfin, les avocats contractent une indépendance de caractère qui les met à l'abri de ces surprises que l'on semble redouter? — Ainsi que l'a dit M. Dupin, *le conseil de discipline de l'Ordre des avocats constitue un grand jury où chacun est jugé par ses pairs.* L'habitude de discussion des affaires civiles et criminelles les plus graves donne à l'esprit le besoin de chercher et de trouver la vérité; et la preuve que cela est vrai, surtout à l'égard des conseils de discipline, c'est le petit nombre des appels tentés. Et puis, ne l'oublions pas, juge aujourd'hui, inculpé peut-être demain, l'avocat, au conseil, n'oublie jamais le vieil adage de morale: *Hodie tibi, cras mihi.* Et cela seul suffit pour garantir au licencié postulant son admission que sa demande sera accueillie favorablement; et que ce ne serait que contraint et forcé par un intérêt général, supérieur à tous intérêts privés, que le conseil rejetterait, définitivement ou temporairement, la requête qui lui aurait été adressée.

Ne peut-on pas dire encore que le danger des influences politiques existerait, au moins à égal degré, dans les rangs de la magistrature, qu'au sein du barreau? Nous savons tous avec quelle noble indépendance le magistrat, en France, tient les balances de la justice : c'est son plus beau titre de gloire; c'est ce qui fait que les révolutions passent sur lui sans l'atteindre, sans altérer la juste considération dont il jouit. — Mais, dans l'hypothèse où nous nous plaçons en ce moment, pourquoi ne pas admettre que cette influence passionnée, réfléchie ou non, qu'on semble redouter, atteindrait le magistrat sur le siége, aussi bien que l'avocat au conseil? L'un est-il plus inaccessible que l'autre aux mauvais vents qui soufflent parfois, aux suggestions de la crainte ou de l'ambition, aux passions politiques enfin, pour ne voir qu'un ordre d'entraînement plus élevé? Plus près du pouvoir, dont il est appelé, de temps à autre, à être le nécessaire et utile auxiliaire, le magistrat puise-t-il dans sa place, dans ses occupations, un sentiment, une habitude d'indépendance supérieurs aux sentiments et aux habitudes du barreau? — L'objection, si elle était vraie, ne le serait-elle pas, à un degré égal au moins, vis à vis du magistrat, comme à l'égard de l'avocat?

Quant aux deux dernières objections, tirées l'une et l'autre des droits qu'a chaque individu d'exercer librement une profession libre, elles rentrent dans celles que nous venons d'examiner: la réponse aux unes est la réponse aux autres.

Et, pour nous résumer sur ce point, nous adjurerons nos lecteurs de méditer ces sages et éloquentes paroles de Target :
« Mais si l'équité était violée..... si la cabale fermentait.... si
« la jalousie dominait..... si..... Ce serait un mal particulier,
« suite d'un bien nécessaire; et il vaudrait mieux le tolérer
« que de toucher à la constitution du corps. Une injustice nuit
« à celui qui la souffre : la société tout entière recueille les
« fruits de l'honneur des compagnies et des citoyens. Où n'y
« a-t-il pas de mal? Quels établissements humains sont sans
« inconvénients? Que mettrez-vous à la place de la censure du
« corps? Les tribunaux? Tout ce qui n'est pas crime leur
« échappe; mais, d'ailleurs, est-ce qu'ils ne se trompent ja-
« mais? L'homme, dans quelque état qu'il soit, est-il infail-
« lible? est-il un Dieu? est-il sans passions?..... La perfection
« est la chimère de ux qui n'ont pas réfléchi. L'inconvénient

« frappe l'esprit inattentif; il le prend pour un vice essentiel.
« Il veut renverser, tout détruire ; les maux qui naîtraient de
« la destruction, il ne les voit pas; la chaîne qui lie au bien gé-
« néral l'inconvénient dont il s'occupe, il n'y pense pas. — *En
« tout, considérez l'ensemble, et sachez négliger les détails.* »

Nous n'hésitons plus. — Si, dans l'attribution discrétionnaire donnée au conseil de l'Ordre, il peut y avoir quelques
inconvénients, quelques dangers même parfois, les mêmes
inconvénients, les mêmes dangers existeraient dans le système
de l'appel, les circonstances données étant les mêmes : et, au-
dessus de ces inconvénients possibles, il y a un avantage certain; au-dessus du détail il y a l'ensemble, qu'il faut à tout
prix conserver; sous ce rapport surtout, la thèse du pouvoir
discrétionnaire attribué au conseil de discipline nous semble
préférable au système de l'appel.

Il reste cependant encore une dernière objection, celle qu'a
formulée la Cour de Nîmes, dans son arrêt du 20 décembre
1837, objection tirée de la situation des Cours d'appel vis à
vis de l'avocat, dès le début et au cours de la carrière de
celui-ci; et, surtout, de la mission que remplit le ministère
public près les Cours d'appel, et de la position subalterne, en
quelque sorte, qui lui serait faite, si son rôle se bornait à
celui d'un simple examinateur des titres et d'un huissier ou-
vrant ensuite au licencié les portes du prétoire.

Cette objection ne manque pas de valeur au premier coup
d'œil. Il est certain que la situation du ministère public paraît fausse; et que la pensée se fait difficilement à l'idée que
le magistrat du parquet soit tenu de faire recevoir au serment
le licencié, par cela seul qu'il lui présente un diplôme régulier, et encore bien que, pour lui, le récipiendaire lui paraisse
indigne moralement de l'honneur qu'il sollicite.

Il est certain encore que le ministère public, chargé spécia-
lement de maintenir partout autour de lui la stricte observation des lois, peut répugner à la pensée de n'être ici qu'un
instrument passif.

Il est également vrai que la magistrature elle-même, au
milieu de laquelle le nouvel assermenté pourra, dans certains
cas, et grâce à son admission dans l'Ordre, venir momenta-
nément s'asseoir pour participer à l'exercice du pouvoir judiciaire, peut répugner à la pensée d'être forcée de créer d'au-

vance, sur la simple représentation d'un diplôme, des droits
à celui qu'elle en croit dès maintenant moralement indigne.

Il est vrai, enfin, que l'attribution du pouvoir discrétionnaire aux conseils de l'Ordre peut sembler créer un nouveau
pouvoir judiciaire, à côté, et au-dessus même du pouvoir des
cours d'appel ; situation anormale, en apparence, dans notre
organisation judiciaire.

Oui, tout cela est vrai; et nous comprenons que ces objections se soient produites et aient trouvé des échos.

Mais ne peut-on pas répondre que la juridiction discrétionnaire, ici réclamée par l'Ordre des avocats, n'est en opposition
avec le pouvoir disciplinaire des tribunaux qu'aux yeux de
celui qui n'examine pas les causes, et les raisons d'être des
deux juridictions et la mission de chacune d'elles; l'une, chargée d'appliquer les lois civiles ou pénales dans l'intérêt de la
société; l'autre, ayant mission et pouvoir de veiller sur la
conservation des principes d'honneur et de moralité sans lesquels l'avocat n'est plus qu'un *parleur*, et cesse de mériter les
éloges que d'Aguesseau faisait, il y a bientôt deux siècles, de
sa noble profession. — Pour dire vrai, ce sont là deux juridictions placées l'une à côté de l'autre, nées de la force des
choses même, et maintenues par le législateur qui a voulu
consacrer les *usages*, résultat du temps et d'une sage expé-
rience des choses et des hommes.

N'est-ce pas le cas ici de rappeler les considérations supérieures que M. Dupin, organe de la loi devant la Cour suprême,
soumettait, il y a huit ans, à la magistrature elle-même, et
qui ont dû déterminer les trois arrêts du 22 janvier 1830?

« Nous vivons à une époque où ce qu'il faut le plus déplo-
« rer, c'est l'affaiblissement des liens moraux, la perte du
« respect, le mépris du principe d'autorité. Ne remarquez-
« vous pas, chaque jour, cette tendance brutale à tout avilir,
« à rendre tout vénal, à tout matérialiser? Au lieu de favori-
« ser cette funeste disposition, ne vaut-il pas mieux encou-
« rager tout ce qui peut rendre du ressort aux âmes, de l'élé-
« vation aux esprits? *Vous avez sous les yeux une institution
« dont les traditions, plus sûres que les constitutions politi-
« ques, ont suffi, à travers toutes les révolutions, pour con-
« server dans son sein, sous le patronage de ceux qui l'ont
« le plus noblement exercé, les sentiments de délicatesse qui*

« *l'ont de tout temps distinguée. Pourquoi y porter la main ?*
« *Pourquoi dépouiller de leurs attributions ces conseils de dis-*
« *cipline, qui n'usent de leurs pouvoirs que pour guider leurs*
« *jeunes confrères dans la carrière du devoir, et leur incul-*
« *quer la tradition des exemples et des maximes sur lesquels*
« *repose l'honneur de leur profession ?* N'allez pas vous y mé-
« prendre : en faisant violence au corps entier du barreau,
« pour l'apparente satisfaction d'un individu qui prétend
« avoir été mal à propos écarté, en froissant la règle par l'ap-
« préhension d'un inconvénient trop facilement entrevu, on
« croira n'avoir affecté que le tableau ; et l'on aura compro-
« mis toute la discipline , en infirmant l'autorité principale-
« ment chargée de son maintien. La magistrature elle-même
« encourra une responsabilité dont la loi n'a pas voulu la
« charger..... Selon moi, la magistrature aura toujours d'au-
« tant plus d'action sur le barreau, qu'elle aura su davantage
« lui montrer cette confiance qui élève et honore ceux qui en
« sont l'objet. Les exemples les plus récents, comme les plus
« anciens, nous démontrent que les conseils de discipline
« connaissent leurs devoirs, aussi bien que leurs droits, et
« qu'ils comprennent la dignité de leur Ordre et sa responsa-
« bilité, autant que l'indépendance de sa mission. *C'est dans*
« *l'intérêt de la morale publique et de la discipline que je vous*
« *conjure de maintenir le principe, autrefois traditionnel,*
« *aujourd'hui légal, qui confère exclusivement aux conseils*
« *de discipline la formation de leur tableau.* »

Nous n'essaierons pas de développer, d'amplifier ces fortes considérations, qui sont, à nos yeux, le résumé le plus rationnel des motifs qui militent en faveur de l'omnipotence des conseils de discipline , sans porter en rien atteinte aux droits supérieurs remis aux mains de la magistrature, pour un autre but et au regard d'autres intérêts.

Pour nous, donc, il est bien évident que la maxime, *l'Ordre est maître de son tableau*, née des l'origine de la profession d'avocat, et conservée *traditionnellement* comme un principe salutaire pour tous, n'a point été infirmée par la législation qui nous régit. — Nous ne voyons rien, dans les principes généraux ou spéciaux de nos Codes, qui fasse échec à la conservation de cette maxime; en même temps, nous ne pouvons pas voir en quoi son application actuelle peut blesser les intérèts généraux de la société, ou les intérêts particuliers des individus, même les plus légitimes en apparence. Nous n'hésitons donc pas à appliquer ici l'article 45 de l'ordonnance de 1822 : *l'Ordre est maître de son tableau*, nous semble un usage immémorial, justifié par l'histoire et par la raison.

Nous irons même plus loin.

En supposant que cette belle maxime n'eût pas pour elle la consécration du temps, la tradition, *ultima ratio legum*, nous en demanderions encore l'établissement ou le maintien, dans l'intérêt général de la société, et encore dans l'intérêt privé de ceux mêmes que nous semblons combattre en ce moment.

Ce pouvoir discrétionnaire, en effet, est indispensable pour l'existence et la conservation de l'Ordre ; il l'est aussi pour le fonctionnement le plus parfait possible du conseil de discipline, et pour la meilleure information possible.

Lorsqu'un licencié se présente devant des confrères pour être admis au stage ou inscrit sur le tableau, la première chose que fait le conseil est de s'informer de ses antécédents, de sa moralité, de sa conduite, comme homme privé ou public..... selon les cas. — Le diplôme régulier justifie légalement de la *capacité* : mais le récipiendaire doit toujours et surtout prouver *sa moralité* ; sinon, les rangs de l'Ordre resteront fermés pour lui.

Ces renseignements, le conseil s'occupe activement à les recueillir, à les contrôler, pour éviter toute surprise, toute erreur, préjudiciable au futur confrère ou à l'Ordre... C'est surtout le bâtonnier qui est chargé de cette mission de confiance ; et nous n'avons pas besoin de dire avec quel zèle et quelle prudence il la remplit.

Ces renseignements sont quelquefois délicats à obtenir ; ils peuvent toucher à tant de points, à tant de cordes sensibles ! Surtout, la demande peut éveiller la susceptibilité ou la crainte de ceux auprès desquels nous sommes forcés de nous renseigner.

En fait, cependant, il est bien rare que le conseil n'obtienne pas tous les éclaircissements qu'il désire ; et il est néanmoins rare que l'enquête ainsi faite soit infirmée plus tard par de nouveaux documents.

Pourquoi ce résultat si excellent ?

C'est que le public s'ouvre avec confiance à ceux qui sont ses conseils habituels; c'est qu'on est rassuré d'avance contre des indiscrétions; c'est que tous savent que ces renseignements ne sortiront pas du sein de l'Ordre. L'impossibilité du recours contre la décision du conseil assure et justifie la confiance de tous.

Cette confiance, ainsi expliquée, est d'autant plus naturelle que chacun, en dehors même de l'Ordre, a un intérêt éventuel possible à la plus parfaite honorabilité de l'avocat. « *Ce-* « *lui qui plaide tout son bien a grand intérêt de confier sa* « *défense entre les mains d'un homme de la diligence, capa-* « *cité et affection duquel il s'asseure du tout;* » disait Bouchel en ses *humbles remontrances.* Ce principe, tant de fois invoqué en faveur de la liberté de la défense, n'est pas moins applicable ici. Chacun ici, en dehors même de l'Ordre, est solidaire de l'Ordre; chacun a intérêt à ce que le conseil prononce souverainement sur l'admission ou le rejet du récipiendaire : ce sont les intérêts moraux ou pécuniaires de chaque individu que l'Ordre protège par sa sévérité, et qu'il compromettrait par sa trop grande facilité, surtout s'il pouvait se sentir la main forcée.

Et, d'ailleurs, que gagnerait l'avocat lui-même à être entré de force, en vertu d'arrêt de justice, dans le sein de l'Ordre?

Nous ne parlons pas du scandale de ces révélations forcées, auxquelles il aurait obligé le conseil et le bâtonnier pour leur défense et leur justification. Ce serait l'avocat demandeur qui l'aurait voulu lui-même : il en supporterait la conséquence.

Mais, une fois légalement membre d'un Ordre, que verrait-il chaque jour? Quel fruit recueillerait-il de sa victoire judiciaire? Quelle serait sa vie?

Chaque jour, le visage de ses *confrères forcés,* leur silence, leur refus de communiquer, ne seraient-ils pas une protestation vivante contre l'intrusion du nouvel avocat? Ne semblerait-il pas que chacun de ses confrères fût prêt à s'écrier : *L'Ordre avait refusé de mettre ce licencié sur le tableau, mais il a eu la main forcée; l'Ordre entier en a gémi, et, de fait, jamais il ne l'a regardé comme un véritable confrère, ni traité comme tel dans l'intimité des communications?*

Ainsi, de quelque côté que l'on envisage la question, on est toujours amené à reconnaître que le principe proclamé par l'Ordre de Paris a sa raison d'être et de subsister. — L'histoire le montre, au début de la profession ; la raison le veut ; la loi consacre enfin un *usage* de tous les temps.

Nous arrêtons ici cette étude, trop incomplète, sans doute, malgré son étendue, mais qui, pour nous du moins, a ce mérite de nous avoir offert l'occasion de reconnaître et de constater les principes élevés de moralité qui, dans tous les temps, comme aujourd'hui, ont formé et forment la base de notre Ordre, ont contribué à son développement, et lui assurent la part de considération que la magistrature se plaît si souvent à lui témoigner.

Et, pour conclure, nous disons que la maxime : *l'Ordre est maître de son tableau*, doit être entendue en ce sens que : si le ministère public ou le licencié a le droit d'appeler des décisions du conseil de l'Ordre qui, fondées en droit pur, admettraient ou rejetteraient une demande d'inscription au stage ou au tableau, il n'en saurait être de même des décisions fondées en fait seulement. Celles-ci sont inattaquables, par quelque voie que ce soit.

Nous ajoutons que nous repoussons la doctrine qui tendrait à remettre aux Cours le pouvoir, lors de la présentation d'un licencié au serment, d'apprécier la moralité du licencié. — Cette décision rentre dans le domaine souverain des conseils de l'Ordre : elle ne peut être prise que par lui, et seulement lorsque le licencié assermenté formule sa demande d'admission au stage ou d'inscription au tableau.

Nous admettons enfin que toute décision, relative au tableau, prise illégalement par un conseil, en violation de la loi, puisse être critiquée par le ministère public ou par l'avocat ; et que la Cour d'appel, saisie de la question, ait compétence et pouvoir pour la résoudre.

Mais là s'arrêtent les droits publics ou privés de chacun. La distinction posée par la doctrine et la jurisprudence entre les pouvoirs administratifs du conseil de l'Ordre, et ses pouvoirs judiciaires, nous semble en harmonie complète avec l'esprit et le texte de la loi. Elle est la conséquence forcée de l'institution de l'Ordre ; elle a pris naissance, par la force des choses même, dès la formation des avocats en corporation : son existence est attestée par l'histoire ; et la raison la justifie.

Nous ne voulons pas cependant nous attribuer, à nous seuls, le mérite des raisonnements que nous nous sommes efforcé de mettre en lumière. Nous devons dire que, dans cette dissertation, nous avons été puissamment aidé par la communication qu'un de nos vénérés confrères, M⁹ Dommanget, doyen et bâtonnier de l'Ordre de Metz, a bien voulu nous donner d'un long et consciencieux travail par lui préparé sur la profession d'avocat, considérée sous tous ses points de vue. — A chacun sa part de travail, et surtout son mérite : nous devons rendre à César ce qui lui appartient.

Heureux serons-nous, pour notre part, si la thèse que nous soutenons rencontre l'approbation de nos confrères, et si ces quelques pages peuvent parfois être utiles. — C'est là toute notre ambition.